JN114773

さらにあたりまえを疑え！

臨床教育学

2

遠藤野ゆり・大塚類

新曜社

序　文

　誰もが何かしらのネタをもち、イイタイコトがあるもの。「教育」とは、そうしたものの筆頭にあるといっても過言ではありません。家庭教育、学校教育、アルバイトや就職先での職場教育、地域での防災教育。あるいはまた、スポーツやボランティア活動までも教育の一環だなんていわれたり。この社会では、私たちはいろんな教育に取り囲まれ、それらを経験しつつ生活しています。だから教育は、年齢に関係なく、誰もが一家言をもつものになるのでしょう。

　例を挙げます。「自分は体罰反対に反対です。口で言ってもわからない生徒は身体でわからせるしかないと思います。実は自分がそうでした。部活の顧問の先生にしばかれて、初めて先生がどんなに本気で自分のことを思ってくれているか気づけて、自分を見つめ直すことができました」。みなさん、この意見に対して、体罰はどうあるべきか、自分の意見を言いたくなるのではないでしょうか（もしかすると、「自分の意見を言えないようでは、グローバル社会ではやっていけない」なんて思いも頭をよぎりつつ）。

　ところが、本書『さらにあたりまえを疑え！』は、「そういうの、一旦、やめない？」とみなさんに呼びかけます。「そういうの」とは、上の例なら、体罰について自分のべき論を言うことです。より一般化すれば、教育のべき論を説くことです（べき論は、「当為論」ともいいます）。

　では、教育のべき論をやめて、何をするのでしょう。それは、「私は、何に拠って立って教育のべき論を述べているのだろう？」という自問から始まります。上の例なら、「口で言ってもわからない生

i

徒」というけれど、言い方を変えればわかったかもしれない。しばいた先生は、ただ単にサディスティックな自分の性向を止められなかっただけかもしれない。「自分」はしばかれて気づけたからといって、他の人もそうなるとは限らない —— こんなふうに考えてみると、当為論の拠って立つ土台が、何とも脆いことに気づきます。「ああ、自分の見方はなんて一面的・部分的だったんだろう！」と。

　私たちは、教育の当為論を説く前提として、教育に関する何らかの現実を知っていると思っていますが、その現実は、自分のモノの見方・捉え方のクセや偏り、そしてまた感情・感性の特徴を反映した現実にすぎません。つまり、一面的・部分的な現実なのです。私たちは、「ひとり親の家庭がたくさん在る」とか「不登校の友だちが居る」とか言ったりしますが、ほんとうには、実際には、彼らはどう「在る」「居る」のでしょう？　詳しく説明してください、と求められたら、すぐに言葉に詰まってしまうでしょう。現実は、広くて深いのです。でも／だからこそ、そこを掘り下げていこうというのが「存在論」であり、本書であります。

　すなわち本書は、みなさんがこれまで慣れ親しんできた、それゆえ「あたりまえ」になっている教育の当為論を一旦脇に置かせて、存在論へといざないます。みなさんは、序章と終章に加えて、全部で 10 の章を旅していきます。みなさんのモノの見方・捉え方や感じ方そのものをふり返るための題材や問いかけ、ヒントやキーワードに、そこかしこで出合うことになっています。序章から順に読みつつ自問し考えていくと、教育に関する諸現実をより広く・より深く認識する力がつく、という寸法です。

　こんなふうに、当為論から存在論へ。では、旅の終わりに立つ地点はどこでしょうか？　なんと最後には、みなさんは、再び当為論に戻ります。ただしそれは、誰か他の人に説くものとしてではなく、

自分の人生で引き受けるべき責任として、です。「教育は／学校は／行政は／家族は／人の発達・成長は、こうあるべきだ」という意見を、他人事（他の誰かがやってくれることだ）ではなく、自分事（何らかの形で自分もそれに関わっているのだ）として発しようとしている自分がそこに立っているでしょうか。

　つまり本書の最後のページでは、実存が問われます。教育に関する諸現実をより広く・より深く認識する力がついたなら、みなさんは、きっと嬉しく感じることでしょう。そうした力がつくことは同時に、人間としての責任も、その分、重くなるということでもあります。でも心配は御無用。なぜなら、教育と研究に対して飛び切り誠実な著者二人は、みなさんがよりよく在るようにと、祈りを込めつつ、一行また一行と、本書を書き上げていったからです。行間から滲み出る祈りもまた、聞きとどけられますよう。

October 2019

The autumn blue sky connects every place in the world.

筒井美紀（法政大学キャリアデザイン学部教授）

目　次

装幀＝荒川伸生

序章 「さらにあたりまえを疑う」とは？
―― この世界の存在の基盤としての「ふつう」――

　前著『あたりまえを疑え！』では、読者のみなさんと共に、次のことを考えました。それは、私たちは、「〇〇はあたりまえだ」という枠組みの中でものごとを考えているということ、その枠組みは、「他のみんなもそれをあたりまえだと思っている」という信念になっているということ、そして、その枠組みを疑うことが、教育の問題を考えることだということでした。しかし、私たちが疑っていかなくてはならない「あたりまえ」「ふつう」は、とても根深いものです。ことがらによって程度の差こそあれ、もうぴったりと身につきすぎていて、自分から切り離すことがむずかしいということもあるほどです。ですから、いったん切り離したつもりのあたりまえに、あるいは新たに獲得したあたりまえに、私たちはしばしば、再びとらわれてしまいます。そこで本書では、読者のみなさんと共に、「さらにあたりまえを疑ってみる」ということに、再びチャレンジしたいと思います。

　前著の発展版にあたる本書は、前著とは基本的に独立した、別ものです。ただし、みなさんと共に考えたいと思っているベースのことは、共通しています。そこで、わずかではありますが、部分的に前著とは重なる内容が含まれています。

　また、本書は前著にならって、各章で、教育的なトピックを一つずつ取り上げています。第1節では、そのトピックに関する基礎知識を確認し、第2節で、そのトピックを見直す視点（テーマ）を提示しています。そして第3節で、改めて、トピックについて再考し

ています。10のトピックを、今回は、「家族のあり方」「他者とのかかわり」「自己との向き合い」の3部に構成しています。ひとは、誕生と共に家族と出会い、他者と出会い、そして自分自身に出会っていく、という流れを捉えるのが、本書の構成のねらいです。

　さて、この再チャレンジにあたって、改めて確認しておきたいことがあります。それは、私たちが「あたりまえ」だと「思い込んでいる」というのは、どういう状態なのか、ということです。本章では、その点を、いくつかの例に即して考えてみましょう。

序-1　世界はどのようにして成立しているのか

　6歳の娘と一緒に飛行機に乗り込んだ女性は、うとうととした眠りから覚めると、隣の席にいたはずのその娘が、抱きかかえていたテディベアだけ残して、いなくなっていることに気づきます。トイレにも通路にもいません。まわりの乗客も、乗務員も、誰も娘を見ていません。それどころか、乗務員は困った表情を浮かべ、おもむろにいうのです。「娘さんが搭乗されたという記録はありません。あなたの娘さんは、6日前に亡くなっています。」

　これは、映画『フライトプラン』に描かれた物語です。女性は、呆然とします。何をいっているのだろうと。私は間違いなく娘と一緒に乗ったのだ、この閉ざされた空間の中に、必ず娘はいるのだと。けれど、乗務員たちはかたくなで、次第に彼女は機内で孤立していきます。乗務員や乗客、すべての人々が自分をだまそうとしているのだ、何かの陰謀がはたらいているのだと感じた彼女は、半狂乱になりながら、娘を救えるのは自分だけと、機内中を探索し始めます。一方で、乗務員は地上に問い合わせ、この女性が精神科に通院歴が

ある、ということを突き止めます。

　物語がその後どのように展開していくのか、興味のあるひとは、ぜひ作品をご覧ください。主人公の女性の視点を通して、視聴者は、最初は単なる事故の恐怖感に、そしてやがて、彼女の信じている世界の存在そのものに亀裂が入っていく不安感に襲われていきます。この物語は、私たちに次のことを教えてくれます。世界の存在、つまり、世界は私の信じるとおりに絶対に今ここに存在しているということは、まわりにいる無数の他者たちによって支えられていて、初めて成立するのだ、ということを。

序-2 「世間」── 誰でもない無数の他者たち

　まわりにいる無数の他者たち。世界の存在を信じさせてくれる人々。一見すると不思議なこの存在を、私たちはしかし、無意識のうちにいろいろな場面で頼りにしています。たとえば、一つ前の文には、「私たちはしかし、無意識のうちに …」と書かれています。この「私たち」とは誰のことでしょうか。「私」、すなわち筆者と共に、複数形で示されている人々は、いったい誰なのでしょうか。

　同じ例は、他にもたくさんあります。たとえば、「みんなSNSをやってるから、自分もやめられない」というときの、「みんな」とは。「親っていうのは、ふつう子どもを愛するものだ」と思うときの「ふつう」の親たちとは。

　本書でこれからさぐっていくように、SNSをやっていないひとも多くいますし、子どもを適切な形で愛することができない親もいます。けれども私たちは、SNSをやっている、自分のまわりの人々だけをみて、「みんな」、つまり世の中のほとんどすべてのひとが

SNS をしている、と感じています。実際に本当に親が子どもを愛すことは「ふつう」、つまり一般的で多数派で正常なことなのかを確かめることなく、自分の家族やまわりのおとなたちをみて、ふつうだ、と思い込んでいます。

　ポイントは、私たちはそれをきちんと確かめたり検証したりしないにもかかわらず、信じることができる、ということです。それが実際に誰なのか確かめることもなく、ただ漠然と感じられている、無数の人々。現象学者のマルティン・ハイデガーは、このように「ふつう」「みんな」という言葉で表されている不思議な存在を、das Man（the man）という言葉で表しています（ハイデガー 2003 参照）[1]。

　ドイツ語のこの言葉には、日本語で「世間」という訳語があてられています。日本語に独特の表現として、「世間体が悪い」とか、「世間様に顔向けができない」といった言葉があります。この世間というのも、考えてみれば、誰のことだかよくわからないのに、私たちをみつめている存在のことで、まさにハイデガーがいう das Man だといえるでしょう。

序-3　世間が免除してくれる「責任」

　世間体が悪い、という言葉があるように、世間の目はしばしば私たちに厳しいものです。進学先や就職先、交際相手など、なにごとにつけ、世の中の「ふつう」よりも下回ることになってしまってはいけないのだ、というメッセージが、この言葉には込められています。そんな自分たちを苦しめるものであるにもかかわらず、なぜ私たちはこの世間を頼りにしているのでしょうか。

第10章で詳しく述べますが、ひとは本来、自分のことを自分で決めるしかありません。今日、どの服を着るか、友だちにどう挨拶するか、そんな些細なことも、すべて、自分で決めることです。批判を覚悟すれば、葬式に白いドレスを着ていくことだってできます。けれども多くのひとがそうしないのは、決して、深く悩んだ末に、「今日は喪服を着ていきたい」と思うからではないでしょう。そうではなく、葬式では喪服を着て弔意を示すのが世間でのしきたりだ、ということがわかっていて、何も考えることなくそのしきたりに合わせているからではないでしょうか。

　大きな決断でも同様です。たとえば私が、世間で評判のよい「よもやま会社」に就職希望だとして、志望理由は、「自分のやりたいことができる」「社風が合う」など、さまざまに挙げられます。しかし、もしも仮にその会社のひとが不祥事を起こしたとすると、多くのひとは、世間の評判を気にして、志望を取り下げるでしょう。つまり世間は、たとえそれによって私たちが苦しめられてしまうこともあるとしても、自分が判断する際のわかりやすい基準を示してくれるものなのです。

　このように、「世間」は、私が本来しなくてはならないありとあらゆる判断を、私の代わりにしてくれるものなのです。ハイデガーはこのことを、世間は私たちの「責任を免除してくれる」（ハイデガー，2003, p.330）のだ、といっています。

序-4　二つの物語

　では、私たちは自分の判断を、どれほど世間に肩代わりしてもらっているのでしょうか。そのことを確かめるために、次の二つの

物語を読んでみてください。そして、自分が感じた「この物語における真実」を、考えてみてください。

　①　Aさん（25歳・男性）の話
　この会社に入ったのは、若手も企画に参加させてくれる社風が、自分に合っていると思ったからです。社内の上下関係もなく、自分を成長させてくれる会社だと思っています。ですが、最近、同じチームの先輩Bさん（36歳・女性）からハラスメントを受けている気がします。
　きっかけは、社内の企画コンペ（複数の企画の中からよい企画を選ぶ企画競争）でたまたま、私の企画が高評価を得てしまったことかもしれません。「アイデアがとても斬新」というのが、上司からのコメントでした。一方で、Bさんの企画に対しては、「堅実なんだけどね…」というコメントで、評価は低かったようです。この上司は、私の目からみても面白い企画を考えるひとで、そのひとに褒めてもらえたことは、私にとって自信になりました。ところが、後でうわさで知ったのですが、Bさんはそのコンペにとてもかけていて、自分の企画が一番だ、と信じていたそうです。だからか、今思うと、結果が発表されたその日は、硬い表情で、挨拶もしてくれませんでした。
　それ以来、Bさんは私に、単純作業しか回してくれなくなりました。どんな仕事も、平等に分担してほしいと思っています。ところが、Bさんは全然そういう仕事をせず、全部私に回すのです。そして、私が作った書類も、まるで自分が作ったかのように、上司に提出してしまいます。
　正直、つまらない単純作業で私の仕事は埋めつくされており、パンク状態です。ですが、Bさんは一回りも年上。いくら上下関係が

ない社風だといっても、仕事配分を考え直してほしいと私からいうのははばかられます。このままでは、何のために若手にチャンスをくれる会社に入ったのか、わかりません。自分が成長できないまま終わってしまうのではないか、と不安になります。最近はよく眠れなくなり、精神科の受診を考えています。

　②Bさんの話

　Aさんは、素直で、基本的にはよい後輩です。ただ、新入社員のときに覚えるべき基本的なことがあまりにもわかっていないので、少し心配なこともあります。そういうことは、本当は彼が入社してきたときに、先輩の私が教えるべきだったのでしょうが、Aさんは「この会社は若手でも企画づくりに参加してよいはずだ」と主張し、事務的な仕事をあまりやりたがりませんでした。私自身、若手の頃、「何もできないくせに」といって単純作業ばかりやらせる上司によい感情をもてなかったので、ついつい、企画を作ったりと楽しい仕事ばかり担当させてしまいました。

　Aさんは、最近の若いひとの特徴だと思いますが、目上のひとへの失礼な態度に、自覚がないようです。社内のひとに対してならまだ冗談ですみますが、取引先相手でもしばしば失礼なことをいってしまうので、ヒヤヒヤしてしまいます。先日の社内コンペでは、面白おかしいのはよいのですが、本来の趣旨から外れた企画を提案し、上司たちは苦笑まじりに「斬新だね」「実現はむずかしそうだけど」と評価していました。しかも、そう評価した上司の企画に対して、「〇〇さんのも悪くないと思いますよ」と、こちらがぎょっとするような発言をしていたのです。

　ああこれは私が悪かった、たとえ本人がいやがっても、きちんと仕事の基本から教えないといけないのだ、と痛感しました。そこで、

Ａさんにも、基本的な仕事を回すようにしているのですが、ふたを開けてみるとこれがとてもお粗末なものでした。すべてやっつけ仕事なのです。結局、彼の書いてきたものを私が全部作りなおしたうえで、上司に提出せざるをえません。もちろん、非は自分にあると思います。結局、彼が入社したときに、いい顔をしたツケが回ってきたのです。

　幸い、最近のＡさんの態度に対して、上司からは、「ようやくおちついてきたね」、「仕事の基本がわかりかけてるみたいだね」という言葉がありました。とはいっても、彼の仕事の後処理はまだまだ私がしているのが現状ですが、もうしばらくがんばってもらって、最低限の仕事を任せられるようにしたいです。

　二つの物語は、同じ出来事を、二人の立場から捉えたものです。Ａさんの物語を読むと、Ｂさんはひどく意地悪なひとにみえます。ヒステリックで底意地の悪い女性を思い浮かべるひともいるかもしれません。ところが、Ｂさんの物語を読むと、どうでしょうか。Ａさんは、いかにも「いまどきの若者」の困った面を凝縮したような、意欲はあっても常識知らずの、「意識高い系」の若手社員ではないでしょうか。

　私たちはしばしば、語り手の言葉に耳を傾けながら、その語り手自身の視点に沿ってものごとをみます。それだけでなく、その語り手にとって信じられる「世界」を存在させているであろう「世間」「みんな」、つまり、この物語を読んだらこのように感じるのが「あたりまえ」だ、という枠組みに寄り添って、私たちは語りを読むことになります。ところが、語り手の言葉のあたりまえを信じこむことは、本当にそれは正しいのか吟味することを放棄してしまっている、という危険な態度と紙一重でもあるのです。

本書は前著と同様、私たちがさまざまな「あたりまえ」の枠組み
の中でものごとを判断しているというところからスタートします。
今回も、「あたりまえ」を疑う視点を、現象学という哲学から得た
いと思います。現象学は、すべては私たちにとっての「現われ（現
象）」にすぎない、という観点から現実を切り取っていきます。私
たちが体験することは「事実」ではなく、「それを事実として体験
させてくれる何か」によって支えられているものです。

　私たちが事実だ、あたりまえだ、と思い込んでいることを疑って
みることは、単に知識が増えたり、異なった考え方ができたりする
だけでなく、それまでとは世界が違ってみえる、という経験につな
がるはずです。世界のみえ方がまったく新しく変わること。「いっ
たいなぜそんなことに気づかなかったのだろう」と驚くような、世
界の再構成が起きること。このような新しい世界の体験を、本書で
は、〈学び〉と呼びます。　　　　　　　　　　　　（遠藤野ゆり）

【注】
［1］この das Man とは、具体的な誰かのことではありません。個人が特定され
　ない、そのために名前をもたない、「匿名的な他者」なのです。この「匿名
　的な他者」については、第3章、第4章で詳しく述べています。

【文献】
ハイデガー, M. (2003)『存在と時間』原佑・渡邊二郎（訳）, 中央公論新社

第 **I** 部
家族のあり方

ひとは生まれたその瞬間から、刻一刻と変化していきます。その「成長」の最初の場である家族のあり方をさぐることは、ひとの成長の原初をつまびらかにすることです。第Ⅰ部では、家族／家庭がひとの成長にもたらす影響をさぐります。

第1章　家族の形
── イメージではなくデータで確かめる ──

　一般に、教育の場は、学校と家庭〔家族〕と地域社会の三つ、と いわれています。その中でも最も根本的で原初的な場は、家庭〔家 族〕です。人生のベースとなる教育の場であるからこそ、その機能 は子どもの育ちに大きな影響を及ぼすことになります。

1-1　家族をめぐるさまざまな問題の基礎知識

　家族はとても身近な存在です。しかし、だからといって私たちが 自分やまわりの家族について、正確に理解しているとはかぎりませ ん。まずは、家族の実像を表す基本的なデータをさぐっていきま しょう。

1-1-1　家族をめぐるイメージ

　「おかあさん、雪の降る夜に私を産んで下さってありがとう。も うすぐ雪ですね。」これは、「日本一短い母への手紙」コンテスト 〔福井県丸岡町主催、1993年〕で最優秀賞に選ばれた作品です。家族、 特に母子をめぐる、白くて静かで、どこかあたたかいイメージが凝 縮された作品といえます。家族や家庭は、このように、しばしば、 感謝やあたたかさなど、ポジティブなイメージを伴います。

　ところが、日本での殺人事件の55％は親族間で生じていて、し

かもこの割合は増加傾向にあります[1]。これは、家族のあたたかさといったイメージから、かけ離れたものです。

「家族とはふつうあたたかいものだ」「よいものだ」といったイメージ。それらは必ずしも実態を反映しているとはかぎりません。さまざまなデータを確認することは、自分の「あたりまえ」「思い込み」を疑ううえで、とても重要になってきます。

1-1-2　家庭と貧困

　日本で、家族が子どもを育てるということに関する社会問題は、少子化（子どもの数はピーク時の半分）、特殊合計出生率の低下（2018年度は1.42％）など、たくさんあります。中でも近年注目されているのが、「子どもの貧困」です。日本は豊かな国として国際的な地位を築いてきており、国内の貧困問題は、長い間放置されてきました。

　貧困というと、内戦の続く国や難民問題を思い浮かべるひとが多いでしょう。飢餓や死に直結するような、人間として最低限の生活に必要なもの（ベーシック・ヒューマン・ニーズ）が満たされていない状態を、「絶対的貧困」と呼びます。絶対的貧困は、1日あたりの生活費1.90ドル未満（2019年現在）の生活状況を指し、2013年現在、世界で約10.7％の人々が絶対的貧困状態に置かれています[2]。

　他方、日本など先進諸国において新たに問題となっているのが、生死にかかわるわけではないが生活するうえでかなりの不都合が生じる貧困状態（相対的貧困）です。相対的貧困は、「国民一人ひとりの可処分所得を並べた際に、中央値の所得の半分（等価可処分所得の中央値の50％）に満たない経済的状態」、と定義されています。絶対的・相対的貧困状況にある子どもや、その生活状況を「子ども

の貧困」と呼びます。

　日本の相対的貧困は、三つの点で大きな問題があります。一つ目は、相対的貧困が問題になっている世界の他の先進諸国と比較してさえも、相対的貧困率が高いということ。OECDによれば、2015年現在、35ヵ国中第7位の貧困率の高さです。二つ目は、相対的貧困率が上昇傾向にあるということ。景気の変動で多少の上下はあれど、1985年以降の継続的な上昇傾向は否定できません（図1-1）。三つ目は、日本では貧困問題への対策が、高齢者への支援に偏っていて、子どもへの対策が不十分だということ。これは諸外国でもしばしば起きることですが、日本ではこのことが指摘されても、なかなか改善されません[3]。

　貧困率がとりわけ高いのは、ひとり親世帯です。全体の子どもの貧困率が13.9％なのに対して、ひとり親世帯の貧困率は50.8％（2016年）です（おとなが二人以上いる世帯では10.7％）。さらに詳しくみてみると、2015年の母子世帯の平均年間就労収入は約200万円、父子世帯では約398万円。他方、就労しているすべてのひとの平均年間収入は女性が約276万円、男性が約503万円です。

　近年、ひとり親世帯は増加傾向にあります。1988年には、子ど

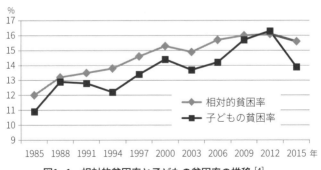

図1-1　相対的貧困率と子どもの貧困率の推移 [4]

ものいる世帯のうち、母子世帯は3.4%、父子世帯は0.6%でしたが、2012年には母子世帯は6.8%、父子世帯も0.8%になっています。生活保護などさまざまなセイフティーネットがありますが、ひとり親家庭の子どもの貧困率は高いままです。とりわけ母子世帯では、「借金がある」「貯蓄がない」と答える割合は増加傾向にあり、生活意識としても「生活が苦しい・大変苦しい」と答えた割合は82.7%にも上ります[5]。

1-1-3　ドメスティック・バイオレンス

近年、配偶者間の暴力（ドメスティック・バイオレンス、以下DV）が問題になっています。2001年に「配偶者からの暴力の防止及び被害者の保護等に関する法律」（通称DV防止法）が制定されましたが、配偶者暴力相談支援センターにおける相談件数も、警察における配偶者からの暴力事案などの相談等件数も、増加傾向にあります（図1-2）[6]。

DVが子どもの育ちにもたらす影響の一つに、子どもの非行化があります。内閣府の調査[7]によると、親は家の中で暴力をふるうと答えている子どもは、中学生の一般群が8.7%に対し非行少年群は15.0%、高校生の一般少年群が6.1%に対し非行少年群が10.9%と、共に1.7倍以上を示しています。この調査では、家庭の雰囲気や親への尊敬度なども調査していますが、中学生、高校生共に、非行群の数値が有意に高いのは、「親から愛されていないと感じる」「親にひどく反抗したことがある」の2項目で、逆に非行群の数値が有意に低いのは、「親は私のことを信頼している」の項目です。つまりDVは、自分は信頼されていないとか、愛されていないと感じてしまう、ネガティブな影響を子どもに与えることになります。

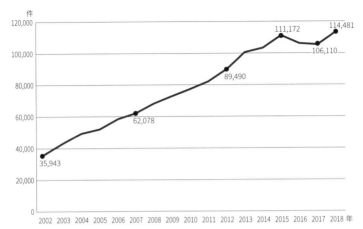

件

120,000

100,000

80,000

60,000

40,000

20,000

0

35,943　62,078　89,490　111,172　106,110　114,481

2002 2003 2004 2005 2006 2007 2008 2009 2010 2011 2012 2013 2014 2015 2016 2017 2018 年

図1-2　配偶者暴力相談支援センターにおける相談件数の推移（内閣府）

1-2　データの罠

　ここまで、家族の形態をめぐるさまざまなデータをみてきました。以上のデータを整理し、そこからみえてくる現在の教育問題を考えてみましょう。

　　近年の核家族化に伴い、家庭の基盤が揺らいでいる。結婚や離婚を個人の自由とする考え方が増加する一方で、離婚などにより相対的貧困に陥る子どもたちが増えている。女性や子どもなど、自分よりも弱いものに対して暴力をふるう DV が急増し、子どもに悪影響を与えている。また、学校では、人間関係形成力が十分に育っていない「ひとりっ子」が大多数になっている。

この文章を、みなさんはどのように捉えるでしょうか。実はここには、たくさんの間違いが含まれています。一つずつ検討し、統計データを正しく扱えるようになりましょう。

1-2-1 「紋切り型」の罠

まず検討したいのは、「近年の核家族化」という文章です。家族問題を論じる際には、紋切り型ともいえる表現で、さまざまな文書で目にするこの表現。では、日本の核家族はいつ、どのぐらい増えたのでしょうか。

「近年」という言葉はあいまいですが、一般的には、過去数年を指します。表1-1をみると、2007年と2016年では、核家族の割合にほとんど差がないことがわかります。それどころか、実は、1920年（大正9年）において、日本の核家族はすでに54%を占めていたことがわかっています。日本の核家族の割合の高さは、なにも近年の話ではないのです[8]。

国勢調査によると、三世代家族、いわゆる拡大家族は、たしかに1920年代以降かなり減少しています（戦時下を除く）。ところが、「昔の家族」でイメージされるような、親戚やたくさんの兄弟姉妹

表1-1 世帯形態の変化① [9]

	単身世帯	核家族	三世代世帯	その他の世帯
2016	26.9%	60.5%	5.9%	6.7%
2007	25.0%	59.7%	8.4%	6.9%
1968	19.8%	56.1%	19.7%	4.4%
1920	6.6%	54.0%	39.0%	数値なし

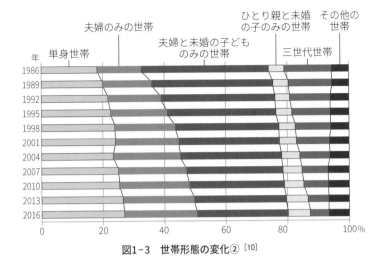

図1-3　世帯形態の変化② [10]

に囲まれた家族は、戦前でも4割未満であり、マジョリティではな
かったのです（図1-3）。

　減少する三世代家族に代わって増えているのは、核家族ではなく、
単身世帯です。高齢者の単身化に加えて、非婚化も、単身世帯の増
加の要因になっています。私たちは軽々しく、「核家族化」という
言葉を用いてはいけないのです。

1-2-2　データの中に含み込まれている数の罠

　次にみてみたいのは、「『ひとりっ子』が大多数になり」という点
です。ここでも、ひとりっ子がどのぐらいいるのかをみてみましょ
う [11]。

　まず、2015年におけるひとりっ子の割合です。これは18.6％。
実はひとりっ子は5人に1人もいません。大多数を占めるのは、2

人きょうだい（54%）、さらに3人以上のきょうだいがいる家庭は、21.2%と、ひとりっ子よりも多いのです。

　推移をグラフで確認してみましょう（図1-4）。このグラフをみると、ひとりっ子の割合はたしかに、2005年以降、増加傾向にあります。とはいえ、ひとりっ子が増えているというイメージは1980年代からあるものですが、1977年から2005年までの約30年間は、ほとんど増えていないこともわかります。

　「少子化」という言葉や、「特殊合計出生率1.44%（2017年）」といった数値から、ついつい「ひとりっ子が大多数になった」とイメージしがちですが、「大多数」を占めるのは、40年間変わらず、「2人きょうだい」の家族なのです。

　類似の問題は、本章冒頭で挙げた、日本では殺人事件における親族間の割合（未遂を含む）が過半数を超える、という数字にも含まれています。この事実だけをみると、日本の家庭は殺伐としていて「病んでいる」といった印象を抱きがちです。実際、2016年4月13

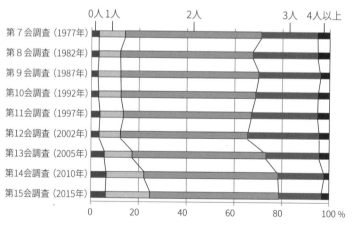

図1-4　結婚している夫婦の子どもの数の推移 [12]

治安が悪い国の例　　　治安がよい国の例

親族間殺人事件数 ＝ $\dfrac{38}{98}$ ＝ 39%　　$\dfrac{7}{12}$ ＝ 58%　◀ 親族間殺人が少ない

全殺人事件数 ＝ 98　　　　　　　　　　　　◀ 殺人事件そのものも少ない

図1-5　親族間殺人率

日づけの日刊ゲンダイの見出しは「いまや殺人事件の5割超『親族殺し』なぜ増加している？」となっています[13]。ですが、本当に親族殺しは増加しているのでしょうか。日本の家庭は他の先進諸国と比べて、著しく病んでいるのでしょうか。

　日本とアメリカとを比較し、親族間殺人に遭遇する割合をみてみましょう。日本での親族間発生率は、10万人あたり、0.165人で、これはアメリカの約4分の1です[14]。日本は親族間殺人の発生が多いどころか、アメリカよりもずっと少ないのです。日本は世界的にみれば治安のよい国で、親族間殺人率の分母となる、殺人事件の発生件数そのものが低いために、結果的に親族間殺人の割合が高くなる、というのがこのからくりです。

1-2-3　発見されていない問題という罠

　次に、「女性や子どもなど、自分よりも弱いものに対して暴力をふるうDVが急増」という箇所に目を向けてみましょう。

　図1-2をみれば、DVの相談件数が急増していることは、明らかです。しかしながら、このことは必ずしも、DVそのものが急増したことを意味してはいません。注目されたのが2000年代になってからだといって、それまでの日本社会で、配偶者間の暴力がなかったわけではありません。女性の社会進出が進む中で女性の権利が叫

ばれたり、家庭内の問題に公的支援が介入することが増える中で、DV は注目をあびるようになってきました。

このことによって、二つの大きな変化が生じました。一つは、配偶者間の暴力に苦しんでいる人々が、声をあげることができるようになったということ。もう一つは、かつては DV だと気づかれていなかった行為も DV だと捉えられるようになり、DV そのものの定義が変わってきたということです。DV は現在、「身体的暴力」「精神的暴力」「性的暴力」「経済的暴力」「社会的隔離」の５つに分類されます。「おまえはダメなやつだ」といった否定的な言葉をかけたり、十分な生活費を渡さないなどの行為も DV と認められるようになり、DV の範囲が大きく広がっています。

さらに考えてみましょう。「女性や子どもなど、自分よりも弱いものに対して暴力をふるう DV」とありますが、DV の被害者は本当に、女性や子どもばかりなのでしょうか。

警視庁のデータ [15] では、2018 年現在、DV 相談者のうち 82.6％が女性で、男性の相談者は 17.4％です。これだけをみると、たしかに DV は、自分より弱い女性や子どもに対する暴力が大半であるように思われます。ですが、内閣府による「配偶者からの暴力に関するデータ」によると、配偶者から「身体的暴行」「心理的攻撃」「経済的圧迫」「性的強要」のいずれかを受けたことのある割合は、女性が 23.7％、男性が 16.6％と、そこまでの開きはありません [16]。暴力は女性がこうむるもの、といった思い込みのために、相談したくてもできない男性が多数いることを考えると、DV の被害者は必ずしも「女性や子ども」とはかぎらないのです。

DV の問題は、統計データだけではみえてこない問題がたくさんあることを、私たちに教えてくれます。問題は昔からずっとあったにもかかわらず、社会状況次第で、存在が気づかれないままになっ

ていることがたくさんあります。気づかれないかぎり、それらは調査されることがなく、データとして出てきません。まずは問題の存在に気づくことが、重要です。

1-3　データにいかにかかわるか

　本章では、家族／家庭にまつわるさまざまなデータをみてきました。その結果、世の中のイメージと実態の異なる問題が多くあるということだけでなく、統計処理された数値であっても、それがなぜ、どのように取られたデータであるかによって、描かれているものが異なることをみてきました。このことに留意して、みなさんはまずは、データを一つひとつ自分で確認する習慣と、そしてそのデータの背景をさぐる習慣を身につけてほしいと思います。

　特に後者の問題。私たちは、数字で示されると、それが「客観的で正しい」と考えがちです。けれども、数字を処理するのは主観的な人間ですから、数字そのものは普遍的であるとしても、数字で示されたことがらが常に客観的で普遍的とはいえないのです。

　その典型例が、先にみた DV 問題に関する調査結果の男女比です。警察庁のデータと内閣府のデータでは、数字が大きく異なっていました。これは、警察庁が、刑法に照らしてものごとを考えるのに対し、内閣府は、人々の生活実態を明らかにするためにさまざまな基準に照らしてデータを示そうとするからです。つまりデータの違いは、単なる「データの出どころ」の違いではなく、それらのデータを出すことが妥当だとみなされる、その組織や場の考え方、基準そのものの違いを示しています。

　序章で述べたように、私たちはいつも、自分たちが無意識のうち

にみなしている「ふつう」「あたりまえ」という「世間的な」見方に依拠して、ものごとを考えます。これは、学問やデータの世界でも同じです。私たちは、「論理的な思考は価値がある」、「統計処理をすれば客観的なデータといえる」といった見方を、「ふつう」で「あたりまえ」のものとみなす社会にいるからこそ、データを（少なくともある程度は）信頼してものごとを考えます。けれども、こうしたふつうや世間が実在するものではないこと、そのつどの社会において変わるものであることも、先に確認したとおりです。ですから、学問的な「客観性」でさえ、そのデータの取り方や処理の仕方に関して、そのコミュニティの中でふつうで妥当とみなされるという思い込みに依拠するものなのです。

　このことをふまえると、臨床教育学、すなわち教育の現場に立ってさまざまな立場の人々とのかかわりの中に生起する一度きりの出来事を解釈する学問においては、次のような視点が不可欠です。それは、数字は数字であって、ある一定の説得力をもつものであると同時に、それだけのものでしかないということ。私たちがみることができるのは、みずからがみようとしているものであり、「すべてのひとにとって共通の」何かとは幻想にすぎないということ。

　現象学者のモーリス・メルロ＝ポンティは、「上空飛行的思考」（メルロ＝ポンティ，1966, p.255）を否定します。私たちは神のように、自分の生きている現実世界から離れて、世界の上空を飛翔しながらものごとを俯瞰的に眺める、ということはできません。ですから本書ではこれから、自分自身の背負っている現実に立って、自分の立つ今ここからはみえないものに思いをはせながら、今ここからみえるたしかなものをさぐっていきたいと思います。

（遠藤野ゆり）

【注】

[1] 2018年警察庁が発表したデータおよび法務省『犯罪白書』によります。この殺人事件には「未遂」を含みます。

[2] 絶対的貧困のラインは世界銀行が毎年世界情勢を分析して設定します。2030年までに絶対的貧困の撲滅がめざされており、実際に、絶対的貧困率は減少傾向にあります（http://www.worldbank.org/ja/news/feature/2014/01/08/open-data-poverty）。なお、本書におけるウェブサイトからの引用は、2019年10月27日に最終確認済みです。

[3] 2019年10月から幼児教育・保育の無償化、また、2020年4月から非課税世帯を対象とした高等教育の無償化が実施されるなど、近年、子どもの貧困対策も後ればせながら始まりつつあります。

[4] 厚生労働省「平成28年国民生活基礎調査の概況」（https://www.mhlw.go.jp/toukei/saikin/hw/k-tyosa/k-tyosa16/index.html）、および厚生労働省「平成28年度全国ひとり親世帯等調査結果報告」（https://www.mhlw.go.jp/stf/seisakunitsuite/bunya/0000188147.html）によります。

[5] 上記2段落については、厚生労働省「平成28年国民生活基礎調査の概況」、および厚生労働省「平成28年度全国ひとり親世帯等調査結果報告」によります。

[6] 1970年頃には、子どもから親への暴力を指す「家庭内暴力」という言葉が作られました。その後、この種の暴力がなくなったわけではありません。しかし近年は、配偶者間の暴力（ドメスティック・バイオレンス）が、より注目されるようになってきました。

[7] 内閣府（2010）「青少年の暴力観と非行に関する研究調査」より（https://www8.cao.go.jp/youth/kenkyu/hikoug/hikoug.htm）。

[8] 厚生労働省「平成28年国民生活基礎調査の概況」（https://www.mhlw.go.jp/toukei/saikin/hw/k-tyosa/k-tyosa16/index.html）、および国立社会保障・人口問題研究所「人口統計資料集（2018）」（http://www.ipss.go.jp/syoushika/bunken/data/pdf/jinkokenshiryu338.pdf）より算出。

[9] 厚生労働省「平成28年国民生活基礎調査の概況」、および国立社会保障・人口問題研究所「人口統計資料集（2018）」より算出。

[10] 同上。

[11] 国立社会保障・人口問題研究所「第15回出生動向基本調査（結婚と出産に

関する全国調査)」の「第二部 夫婦調査の結果概要」より（http://www.ipss.go.jp/ps-doukou/j/doukou15/NFS15_report4.pdf）。

[12] 国立社会保障・人口問題研究所「人口統計資料集」（2018）より。

[13] 日刊ゲンダイ（https://www.nikkan-gendai.com/articles/view/news/179278）。

[14] 警察政策学会（2017）および法務省『犯罪白書』（http://hakusyo1.moj.go.jp/jp/65/nfm/images/full/h1-3-1-01.jpg）から筆者が算出。

[15] 警視庁「配偶者からの暴力相談等受理状況」に関するウェブサイトより（https://www.keishicho.metro.tokyo.jp/about_mpd/jokyo_tokei/kakushu/dv.html）。

[16] 内閣府「配偶者からの暴力に関するデータ」より（http://www.gender.go.jp/policy/no_violence/e-vaw/data/pdf/dv_dataH2809.pdf）。

【文献】

警察政策学会 (2017)「米国の治安と警察活動」『警察政策学会資料第96号』警察政策学会外国制度研究部会

メルロ＝ポンティ, M. (1966)『眼と精神』滝浦静雄・木田元（訳), みすず書房

第2章　家庭教育
── 世界と他者を信頼して生きる基盤 ──

　前章では、家庭（家族）に関するさまざまなデータを検証することで、データをどのように読み解くか、データとどのように接するかを考えました。本章では、家庭問題の中でも「教育」というテーマに着目し、ひとが自分の存在を肯定的に受容するうえで家庭教育がどのような影響をもたらすのかを考えてみたいと思います。

2-1　家族と教育

　家庭教育とは、「規範や道徳面での教育」を中心にした「しつけ」と、「学校教育の学習面での補完を意図した家庭での学習」の二側面を指します（天童, 2018, p.40）。また、授乳や排泄の世話など、一見すると「教育」にみえないようなはたらきかけも、家庭教育に含まれます。まずは、その基本的な機能をいくつかみてみましょう。

2-1-1　基本的信頼感の獲得

　子どもの発達という観点からみると、家庭教育は、子どもの心身の成長をうながし、支えていくものです。
　発達心理学の祖のひとりであるエリク・エリクソンは、乳児にとって重要なのは、世界や他者に対する基本的信頼を獲得することだ、と考えています（エリクソン, 2011, pp.60-61 参照）。空腹になれば

ミルクが、排泄すれば清潔なおむつが、眠くなれば保育者の腕やや
わらかなふとんがそのつど与えられることによって、乳児は、世界
は快適な場所で、自分が快適に過ごせるように他者は自分にはたら
きかけてくれる、ということを無意識のうちに実感していくのです。

　また、精神科医のジョン・ボウルビィは、親など特定の他者との
あたたかな交わりを通して、子どもはその他者に「愛着（アタッチ
メント、情緒的な結びつき）」を形成する、といいます（ボウルビィ,
1991 参照）。ある時期から乳児にみられる人見知りは、世界や他者
に対する基本的信頼感が、ある特定の他者を介して得られることを
示しています。その特定の他者を他のひとと区別できるようになっ
ているからこそ、その他のひとに対して子どもは人見知りを示すの
です。

　したがって、家庭における教育は、しつけや勉強などよりも前に、
他者や世界を信頼し、またそのような他者に愛されている自分を信
じ、安心してのびやかに体験を広げていけるようになるためのもの
だ、と考えられます。

2-1-2　社会化としての家庭教育とその歴史

　他方、社会の側からみてみると、家庭教育は、子どもが社会に参
入していく際に秩序を乱さないよう、ルールを学ばせたり能力を身
につけさせる、というしかけでもあります。社会学や心理学では、
このように子どもを社会の中に溶け込ませていくことを、「社会化」
と呼びます。家庭教育は、子どもが人生で最初に社会化される機会
だ、といえます[1]。

　子どもがどのように社会化されるか、すなわち家庭教育がどのよ
うな内容であるかは、社会の変化に応じて変わっていきます。教育

表2-1 家庭教育の歴史

(天童, 2018, p.44（表3－1）を本書の内容に合わせて引用者が加筆修正)

時代	家族関係	社会動向
大正期 (1912〜1925年)	「教育する家族」の誕生	新中間層と近代家族の登場
昭和初期〜戦時下 (1926〜1945年)	国家に奉仕する家族	「産めよ殖やせよ」政策の展開
戦後〜 高度経済成長期 (1945〜1960年代)	「企業戦士」の父親と「教育する母親」 「少なく生んでよく育てる」育児戦略	性別役割分業体制の広がり
1970〜80年代	母性神話への懐疑、抵抗	出生率の低下
1990年代	父親の育児参加の促進	男女共同参画の潮流 少子化の社会問題化 シングル化・非婚化
2000年代	家庭教育への関心の高まり 家庭責任の強調 ファッションとしての子ども・子育て	格差社会 新自由主義、新保守主義 ジェンダー体制の再編

社会学者の天童（2018）の整理を参考にしつつ、その歴史的経緯をみてみたいと思います（表2-1）。

　江戸時代、子どもは、村落共同体や商人仲間など、自分の身分にふさわしいおとなになることに向けて社会化されていました。寺子屋など、庶民の教育機関は充実していましたが、学力を上げることは、生活に変化をもたらす要素ではなかったのです。

　ところが大正期になると、身分制度の廃止だけでなく、産業化と都市化が進み、資本家でも労働者階級でもない「新中間層」が生まれました。彼らは官吏や教員、会社員などになって頭脳労働に従事し、俸給という形態の所得を得ました。つまり、教育を受ければそれだけ生活水準が上がる仕組みが生まれたのです。これが、都市部

を中心に[2]、子どもの学力を向上させようと熱心にはたらきかける「教育する家族」が誕生した瞬間です。

　戦争下の一時期を除き、教育する家族は拡大を続けます。経済成長に伴う中流階層の拡大（一億総中流）は、子どもによりよい教育を受けさせることが親の義務だという考えが、あらゆる階層に拡大したことをも意味します。これは、「家庭教育の責任は母親にある」という、性別役割分業における母親の重要な使命が作りだされたということでもあります。と同時に、育児書の氾濫や「三歳児神話」などの子育て言説に、多くの母親が悩まされるようになった時代でもあります。

　その後、男女の役割分業の考え方には大きな変化が生まれていきます。1990年代には、「育児をしない男を、父とは呼ばない」という厚生労働省のポスターが話題になるなど、父親の育児参加が推奨され、2010年代のイクメンブームにまで至ります。父親も、わが子へのよりよい教育の担い手になっていったのです[3]。

　よりよい教育にはお金がかかります。高度経済成長期以降、子育てにかかる費用が強調され、「少なく生んでよく育てる」という子育て戦略が一般的になり、少子化の一因になっています。また2000年代には、家庭の所得と子どもの学力に明確な相関がみられる「教育格差」が指摘される[4]など、家庭教育の影響力が低下する気配はありません。

2-1-3　教育する家族の暴走

　子どもの幸せを願うからこそ、子どもに対してよりよいしつけをし、よりよい教育を与えたい。こうした思いが高じて、過剰な教育、過干渉といった事態が生じることもあります。「受験戦争」時

代（1970年代）には、過剰に教育熱心な母親を指す「教育ママ」という言葉が生まれました。近年、少子化によって子どもの進路選択には「競争」の要素が減りつつありますが、質の高い教育を求める親の願いは、形を変え、今もなお教育を強化する動きとして現われます。

　そして、こうした親の願いは、ときに、暴走することがあります。過剰な塾通いや好成績への期待などがストレスになり、子どもがうつ病になったり自殺してしまう。親が子どもの進路をすべて決定してしまい、自己有用感を奪ってしまう。逆に、子どもの願いを何でも優先させるなどの「甘やかし」によって適応障害[5]などが起きることもあります。

　遠藤（2014）がインタビューした、過剰な教育や過干渉を受けて、二十代になっても自己肯定できずに苦しむ森さん（仮名、女性）は、次のように語ります。

　　　［親からの干渉が］おとなに、社会人になって、もう少しなくなるかと思ったら……社会人で、飲み会があって、お迎えを頼まないといけないとなると、10時とか10時半とかには電話がかかってきて、「どこに迎えに行けばいい？」と。……「こんな遅くまでなにやってたの」って〔怒られる〕。……〔家でも〕自分の部屋にいられない。自分の部屋にいると、「今なにしてるの」って〔親が〕わざわざ来るので。……「なにしてるの」とか、「なにしてたの」、とかすごく気にしてくるので、だったらもうリビングにいようかなと。（遠藤，2014, pp.130-132）

　森さんは、母親の勧める中学受験を承諾したその日のうちに入塾手続きが終えられていたり、森さんが旧帝大に進学しなかったこと

を「恥ずかしくて親戚にいえない」といわれたりした、といいます。また、部活の体罰で大ケガをした兄に対して、もっと厳しく指導してほしい、と学校まで直訴に行った親をみて、ひとは勉強や運動ができなければ価値がないのだ、と感じるようになったといいます。

　その一方で、大学生になってひとり暮らしをしても、電話一本で4，5時間の道のりを厭わず毎回駆けつけたり、就職した際には森さんの部屋を用意し車も購入したりなど、「甘やかし」ともとれる親のはたらきかけもあります。職場の飲み会に早々に迎えに来るといった過干渉も、甘やかしと表裏一体です。しかしそうした親の愛情は自己満足で、本当に自分の望んでいることではない。親は自分を単なる操り人形、付属物だと思っているのではないか。森さんは、大学生になった頃から、周囲と比較して自分の親に疑問を抱くようになりました。と同時に、国立大学に現役合格したり、就職でも公務員試験に合格するなどの成果があるにもかかわらず、自分に関してなにごとも自信がもてず、不安で仕方がなくなったといいます。そしてその不安は、社会人になったインタビュー当時にも続いています。

　　……親に頼って、家にいて、独身で、貯金もなく、死んでいくのかもしれない……不安です。……すごく不安です。このまんまじゃやばいっていうのはすごく思います。私どうなるんだろう……。(同書，p.135)

2-2　自尊感情

　森さんの言葉からは、家庭における教育が、子どもの不安／安心

感や、自分自身に対する不信／信頼感といった違いを生みだすことがうかがえます。自分に対する信頼感は、自尊感情 [6] という言葉で表されるものです。

2-2-1　自尊感情の意味

　自尊感情とは、あるがままの自分を受け容れ、その存在を大切なものだと感じられる感覚のことです。「感情」とありますが、「嬉しさ」「悲しさ」などのような気もちよりももっと深いところにある、自分自身に肯定的に接するか、否定的に接するかといった根本的な態度、向き合い方（Rosenberg, 1965 参照）のようなものです。これは、ひとが生きていく際に最も重要な感覚の一つであり、明確に定義したり、そのひとの自尊感情の本質をさぐるのは、とてもむずかしいことです。本書では、心理学者の高垣忠一郎にならって、「自分が自分であっても大丈夫」な感覚（高垣，2008, p.4）と捉えることにしましょう。

　たとえば、失敗したり、恥をかいたり、ひとから拒絶されたりすると、私たちは、自分はダメな存在だと感じがちです。しかしそのようなときに、「もう自分には生きる価値がない、死んでしまいたい」と思うひともいれば、「そうはいっても生きている価値がないほどではない」と感じるひともいます。後者の「生きている価値がないほどではない」という感覚が、自尊感情です。

2-2-2　基本的自尊感情と社会的自尊感情

　ひとが自分に対して「生きている価値がある」と感じているかどうかは、どのようにすればわかるでしょうか。心理学者のモーリ

ス・ローゼンバーグは、自尊感情を、自分に対して good enough と感じられる感覚だ、と考えました。何かの能力がひとより秀でていて very good かどうか、ということではなく、今の自分自身で十分と感じられるかどうかだ、というのです。

ローゼンバーグの考えた自尊感情尺度で測定すると、日本人の自尊感情は世界的にみてかなり低い傾向にあります。この背景には、一つには、謙遜を美徳とする日本文化の影響があるでしょう。また、英語の表現を日本語に訳したために、日本人にとっては高く評価しにくいニュアンスが含まれてしまっていることも指摘されています。しかし、そうした文化的背景を考慮しても、日本人の自尊感情は低い、といわれています。

ひとは、自分自身がどのような人間かについて、たとえば「活発」「優しいが気が弱い」など、何らかのイメージ（自己概念）をもっています。この自己概念がポジティブなものであれば、自尊感情は高くなる、と考えられがちです。ところが、2-1-3の森さんのケースのように、学力や年収といった社会的評価が低くないことを自覚しているにもかかわらず、自尊感情が低いケースがあります。なぜなのでしょうか。

心理学者の近藤卓は、自尊感情には二つの領域がある、と指摘し

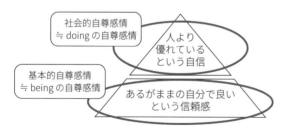

図2-1　自尊感情の構造（近藤，2010を参考にして筆者が作成）

ています。「他者との比較によって形成される感情で、相対的なもの」である「社会的自尊感情」と、自分の存在を肯定するという「絶対的な感情として心のうちに存在する」「基本的自尊感情」です（図2-1）（近藤，2010, p.13）。基本的自尊感情が「自尊感情の『基礎』をなすもの」であるのに対し、社会的自尊感情は、「自尊感情の『上屋』を形作っているもの」です（同所）[7]。

　たとえば、自分は勉強ができるとか、スポーツが得意だというように、自分の能力がまわりに比べて高いと感じることは、自分の能力に自信があるということです。これが、社会的自尊感情です。社会的自尊感情は、自分自身の行為やパフォーマンスへの信頼感ともいえるため、doing の自尊感情といういい方をすることもあります。

　これに対し、自分の能力がひとと比べて優れているかどうかには関係なく、あるがままの自分には存在する価値がある、自分は生きていてよいのだ、と感じられる感覚が、基本的自尊感情です。高垣がいうように、たとえ自分が失敗しても、欠点だらけであっても、それでもそんな自分でもよいのだ、という感覚です。この感覚は、パフォーマンスの結果いかんにかかわらず、自分自身を受容する感覚であり、being の自尊感情といわれることもあります。

　ここで重要なのは、欠点だらけの「自分が自分でよい」ということは、自分の失敗を反省したり、欠点を改善するために努力したりすることをやめてわがままを甘やかすことではない、ということです。むしろ、基本的自尊感情が高い方が、しっかりとした反省ができます。というのも、たとえ失敗してしまった自分であったとしても、その自分のあるがままの姿を認めることができるため、自分の失敗の原因を直視することができるからです。他方、基本的自尊感情が低いと、失敗したときには、「成果の出せない自分には価値がない」といった強い絶望感にさいなまれて、失敗の要因は何だった

のか、何はよくて何が不適切だったのか、といった冷静な見極めが
むずかしくなってしまいます。

2-2-3　自尊感情のバランス

　基本的自尊感情と社会的自尊感情は密接に絡み合っていますが、
必ずしも正の相関をなしてはいません。社会的自尊感情は高いのに
基本的自尊感情が低いひともいれば、逆のパターンもあります。近
藤は、図2-2のように整理しています。

　基本的自尊感情も社会的自尊感情も高ければ、第1象限の図にな
ります。ところが、私たちは必ずしも成功ばかりしているわけでは
ありません。たとえば失敗し、叱られたり、自分でも落ち込んでし
まうと、社会的自尊感情は下がり、第2、第3象限の状態になります。

　このとき、基本的自尊感情が十分に高ければ、一時的に落ち込ん
だとしても、「ちょっと休憩をして回復するまで待ってみよう」と
いう気もちになります（第2象限）。あるいは、もう一度チャレン
ジしてみようといった気もちがわいてくることもあります（第1象
限）。このように、根本的なところでは、未来の自分に期待をする
ことができます。ところが、基本的自尊感情も低いと、一度の失敗
で小さく縮こまってしまい、そこから抜け出せなくなってしまうの
です（第3象限）。

　では、基本的自尊感情が低くても、社会的自尊感情が高ければ、
全体的な自尊感情は補えるのでしょうか。自尊感情がピラミッド図
で表せるということは、私たちの自尊感情全体が、基本的には、下
層の部分によって支えられているということを意味しています。で
すから、第4象限の図は、上ばかりが大きくて下が支えきれず、ぐ
らぐらと不安定な図だということになります。肥大した社会的自尊

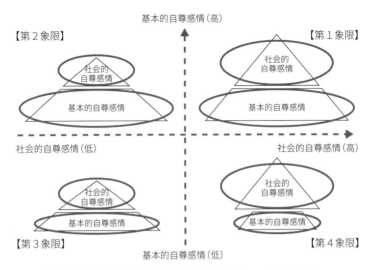

基本的自尊感情(高)

【第2象限】

社会的
自尊感情

基本的自尊感情

社会的自尊感情(低)

【第3象限】

社会的
自尊感情

基本的自尊感情

基本的自尊感情(低)

【第1象限】

社会的
自尊感情

基本的自尊感情

社会的自尊感情(高)

社会的
自尊感情

基本的自尊感情

【第4象限】

図2-2　自尊感情の4類型（近藤，2010を参考にして筆者が作成）

感情の重みに、基本的自尊感情が耐えきれないのです。

　第4象限とは、次のような状態です。たとえば、努力しても努力しても不安になってしまうひと。このようなひとは、まわりからはその努力を高く評価されることも多いですし、場合によっては、本人も自分が高いパフォーマンスを発揮できるとどこかで知っています。しかし、いつまでたっても自分のやることに納得できず、「次は失敗するのではないか」「失敗したらみなが自分を見捨てるのではないか」など、不安な気もちで過ごすことになります[8]。

2-3　自尊感情を育む役割としての家庭教育

　以上をふまえて、自尊感情という点から家庭教育の役割を捉えな

おしてみましょう。

2-3-1　家庭教育によって育まれる自尊感情の種類

　基本的自尊感情と社会的自尊感情は、論理的には近藤がいうように整理可能ですが、実際には非常に複雑に絡み合っています。ここでは、理解をうながすために、自尊感情の仕組みを単純化して考えてみたいと思います。

　社会的自尊感情は、しつけや学力の補充などの家庭教育、すなわちより高い能力を身につけることで得られる、といえます。他方、基本的自尊感情は、他者や世界への基本的信頼感にもとづいており、信頼できる他者に受容されている自分自身そのものの受容感だ、といえます。乳幼児期の家庭教育は、基本的自尊感情を高めること、つまりあるがままの自分でよいのだ、欠点だらけの自分も生きていてよいのだ、という無意識の感覚を豊かに育むことに第一義がある、といえます[9]。

　すると、高学歴や高収入など、一見すると高いパフォーマンスを発揮し、その背景に高い社会的自尊感情があると推測されるにもかかわらず、さまざまな不適応状態に苦しんでしまう人々は、基本的自尊感情が何らかの形で十分に育まれていない状態だ、と考えられます。2-1-3で述べたような、家庭教育の過剰が子どもの心身に影響を及ぼしてしまうようなケース。森さんのように、一見すると高い学歴やまわりの納得する仕事に就きながら、二十代になってもすべてが親任せで、将来を悲観し不安にさいなまれるケース。これらは、基本的自尊感情が十分に育まれていないことが要因だ、と考えられます。

2-3-2　愛されていないから自己肯定できない？

　しかしながら、ここで新たな疑問がわいてきます。親が子どもに全面的に愛情を注ぐことで基本的自尊感情が育まれていく。そうだとすると、基本的自尊感情の低いひと、森さんのように不安でしかたないひとは、親に十分愛されてこなかったのでしょうか。

　必ずしもそうではないはずです。実際に多くの親は、子どもに対して、子どもが死ぬぐらいだったら自分が代わりに死にたい、生きていてくれるだけで十分なのだ、といった全面的な愛情を抱いています。子どもに過剰な教育をする親も、同じです。親が子どもによりよい学校に進学し、よりよい企業に就職をしてほしいと願うのは、子どもに将来も幸せになってほしいからこそです。その思いが高じるからこそ、「がんばったね、えらいね、お母さんはそんなあなたが大好きよ」「あなたならもっとがんばれるはず、もっとよい成績が取れるはず」といった言葉が出ることもあるのでしょう。

　不幸なことに、子どもは親のメッセージを、ときに言葉の裏まで受け取ります。「がんばっている私が大好きなら、がんばっていない私は好きではないのだ」と、メッセージが受け取られるときに変質してしまうことがあるのです。なぜでしょうか。

　それは、多くの子どももまた、親を愛していて、親の愛情を貪欲に求めているからでしょう。筆者たちがかかわる小中学生の子どもたちは、性別や年齢にかかわらず、しばしば、「お母さんは自分のことが嫌いなんだ」とつぶやきます。その理由はさまざまです。他のきょうだいの方により優しいから。テストの点数が低かったのを叱ったから。好きな遊びをゆるしてくれないから。外からみれば些末にみえるそうしたさまざまなエピソードでさえ、「自分を十分に

愛してくれない」という確証になってしまうほどに、子どもたちは、親から完全なる愛情がほしいと願わずにはいられないのです。

　ひとは社会に出ていく中で、さまざまな「全面的に受容されない体験」をせざるをえません。勉強やスポーツでひとに抜かされたり、失恋したり、友だちの輪に入れなかったり……無数の挫折体験が、「自分は本当にあるがままでよいのか？」と悩ませます。だからこそ子どもは、そんなつらい体験から我が身を守ってくれる、親からの完璧な愛情を欲するのでしょう。「親は自分を操り人形だと思っていてちゃんと愛してくれない」「親に愛されていない自分には何か自信がもてない」。こういった悩みは、親の愛情不足というよりも、愛情を適切に伝える／愛情を適切に受け取る、という至難の業に迷う、親と子どもの愛情のもつれなのだ、と考えられるのではないでしょうか[10]。

（遠藤野ゆり）

【注】
［1］子どもが母語を獲得することや衣服を身につけて生活すること、入浴など、「しつけをすることはよいこと」といった価値判断を伴わず、一見するとおとなからの意図的な教育にみえないかかわりも、社会化であり、家庭教育の一環だ、といえます。2-1で述べたように授乳や排泄の世話が「家庭教育」に含まれる、というのは、こうした定義づけからいえることです。
［2］大正期、新中間層は全人口の5〜8％ほどでしたが、東京では20％を超えていたといいます（天童, 2018, p.42 参照）。
［3］「子どもの学力格差を生む親の意識格差」（第一生命保険, 2007）によると、小学校高学年の父親が週に子どもに勉強を教える時間は平均0.8時間で、父親が勉強を教える子どもほど家庭学習の時間が長く、また勉強を好きだと答える傾向にあることがわかっています（http://group.dai-ichi-life.co.jp/dlri/ldi/news/news0709b.pdf）。
［4］教育社会学者の耳塚・浜野らにより、家庭の所得や両親の学歴などを表す「家庭の社会的背景（SES）」が高い子どもほど、学力テストの点数が高いこ

とがわかっています（http://www.mext.go.jp/b_menu/shingi/chousa/shotou/130/shiryo/__icsFiles/afieldfile/2018/06/27/1405482_9_2.pdf）。

［5］適応障害とは、ある特定の状況や出来事がそのひとにとってとてもつらく耐えがたく感じられ、そのために気分や行動面に困難が現われる障害です。

［6］自尊感情は、self-esteem の訳語で、文脈に応じて「自己肯定感」と訳されることもあります。

［7］近藤は、これらはあくまで二つの側面ですが、「実際の日常的な場面においては、これら二つの感情が明確に独立した別個のものとして存在するわけではない」（近藤, 2010, p.13）と指摘しています。

［8］さらには、自慢ばかりするひとや、権力を振りかざそうとするひとも、第4象限の変形版といえます。自分の存在が肯われている、という安心感がないからこそ、周囲が自分の能力を高く評価してくれることを強く求め、ときにごり押ししてしまうことになるのです。

［9］実際、近藤は、「本来は親や家族などの身近な人々との間で、無数にくりかえしてきたはず」の「共有体験」が、基本的自尊感情を育む、と指摘しています（同書, p.6）。これは、他者と横並びになって、同じものを一緒にみる「共同注視」の体験でも得られるものだといいます。すると、自分自身の中に根源的にあって、存在そのものを支えてくれるものも、実は、他者との関係によって作られていることになります。

［10］とはいえ、こうした愛情のもつれによる過剰な教育が、子どもの心身の成長を著しく妨げてしまう場合は、児童虐待にあたります。特に愛情ゆえに厳しくしすぎてしまう親のかかわりは「やさしい虐待」と、特にそれが教育過剰になる場合は「教育虐待」と呼ばれます。この点については、第3章でも少し考えたいと思います。

【文献】

ボウルビィ, J. (1991)『Ⅰ愛着行動（母子関係の理論 (1)）』黒田実郎・大羽蓁・岡田洋子・黒田聖一（訳）岩崎学術出版社

遠藤野ゆり (2014)「過保護に育てられる生きづらさ」大塚類・遠藤野ゆり（編）『エピソード教育臨床 —— 生きづらさを描く質的研究』創元社

エリクソン, E. H. (2011)『アイデンティティとライフサイクル』西平直・中島

　由恵（訳）誠信書房

近藤卓 (2010)『自尊感情と共有体験の心理学 —— 理論・測定・実践』金子書房

Rosenberg, M. (1965) *Society and the Adolescent Self-Image*. Prinston University Press.

高垣忠一郎 (2015)『生きづらい時代と自己肯定感 —— 「自分が自分であって大丈夫」って？』新日本出版社

天童睦子 (2018)「育児観と子ども観の変容」田中理絵（編）『現代の家庭教育』放送大学教育振興会, pp.37-52.

第3章　児童虐待
―― 名づけることの功罪――

　第2章では、自尊感情という点から家庭教育の役割を捉えなおしました。親は親なりに子どもを愛しているけれども、子どもは親からの完全な愛情を欲するために、愛情がもつれてしまうことが描かれました。続く本章では、愛情のもつれの最たるものであろう「児童虐待」に着目して、親子関係についてさらに考えていきます。

3-1　児童虐待についての基礎知識

　現代の家族をめぐる大きな問題の一つに、児童虐待があります。自分の子どもを虐待してしまう親も、虐待を止められない家庭も、やはり「ふつう」ではないのでしょうか。

3-1-1　児童虐待の定義

　2000年に、児童虐待の防止を目的として、児童虐待の防止等に関する法律が制定されました。同法第2条で定義されている児童虐待には、身体的虐待・性的虐待・ネグレクト・心理的虐待の4種類があります（表3-1）[1]。

　叱られた際に親から軽く叩かれたり（身体的虐待）、「お姉ちゃんはしっかりしてるのに……」ときょうだいと比べられたり（心理的

表3-1　虐待の分類 (厚生労働省 [1])

身体的虐待	殴る、蹴る、投げ落とす、激しく揺さぶる、やけどを負わせる、溺れさせる、首を絞める、縄などにより一室に拘束する など
性的虐待	子どもへの性的行為、性的行為を見せる、性器を触る又は触らせる、ポルノグラフィの被写体にする など
ネグレクト	家に閉じ込める、食事を与えない、ひどく不潔にする、自動車の中に放置する、重い病気になっても病院に連れて行かない など
心理的虐待	言葉による脅し、無視、きょうだい間での差別的扱い、子どもの目の前で家族に対して暴力をふるう (ドメスティック・バイオレンス:DV) など

虐待)、といった経験を一度もしたことがない、というひとの方がおそらく珍しいでしょう。この意味で、程度の差はあれ、すべての家庭に虐待の要素があるといいうることになります。

3-1-2　虐待のリスク要因

すべての家庭が児童虐待の要素をはらんでいるとはいえ、実際に継続的な児童虐待が生じるケースはごくまれです。厚生労働省によれば、児童虐待が発生する要因には、① 保護者側の要因、② 子ども側の要因、③ 養育環境の要因の三つがあります (図3-1) [2]。児童虐待は、不安定な夫婦関係の中で、病気がちの子どもを抱えた母親が「ワンオペ育児」[3] に不安を抱えるといった、さまざまな要因が絡み合う中で起きてくる問題なのです。

3-1-3　通告の義務と相談対応件数

2017 年度中に児童相談所が対応した養護相談のうち、児童虐待

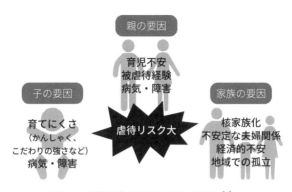

図3-1　虐待発生の3要因（厚生労働省 [2]）

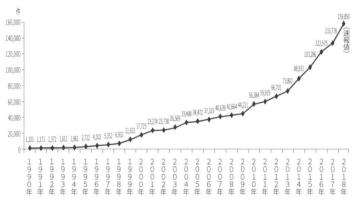

図3-2　児童虐待相談対応件数の推移（厚生労働省 [4]）

相談の対応件数は 133,778 件で、前年度に比べ 11,203 件（9.1%）増加しています。相談対応件数は、毎年、最高値を更新し続けています（図3-2）。2015 年 7 月 1 日から、児童相談所全国共通ダイヤルが覚えやすい 3 ケタの番号（189：いちはやく）に変更されたことも、児童虐待相談件数の増加に一役買っているのかもしれません。

3-1-4 通告からの流れ

　児童虐待情報（相談・通告）が届いたあと、児童相談所ではどのような対応がなされるのでしょうか。

　児童相談所に児童虐待情報が届いてから原則48時間以内に、当該の子どもの安全確認をすることになっています。子どもの生命を守るために、迅速な初期対応が心がけられています。子どもの安全が確認されたのち、リスクアセスメント（危険性の特定・分析・評価）がなされ、在宅での援助・調査か、一時保護所などでの保護かが検討されます。いずれの場合でも、当該の子どもと家族に対して、さまざまな調査や診断が実施されます。そして、その結果をふまえた援助方針会議において、当該の子どもと家族に対する措置（施設措置・在宅指導・他機関送致など）が決定されます（図3-3）[5]。

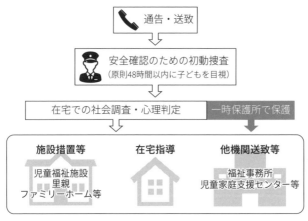

図3-3　児童相談所における相談援助活動の流れ [5]

3-2　名づけることによってみえてくる

　前節で確認したように、児童虐待の相談件数は毎年増加の一途をたどっています。こうした事態が起きるのはなぜなのでしょうか。「児童虐待」という言葉に着目しながら考えていきましょう。

3-2-1　名づけることによって知る

　第1章でも触れたメルロ＝ポンティは、「どんなに慣れ親しんだ対象といえども、その名を思いださないかぎり、われわれにとって定かならぬものとみえるのはなぜなのか」（メルロ＝ポンティ，1967，p.294）、と問いながら、言葉と対象（＝事物や思考）の関係について考察しています。彼がいうように、よく知っているものやひとの名前を度忘れしてしまったとき、自分で思いだしたり誰かに教えてもらったりするまでモヤモヤして気もちが悪かった、という経験をみなさんもしたことがあるでしょう。このようにモヤモヤして気もちが悪いのは、言葉は本来、「事物そのものに住まい、意義を担い運ぶものである」（同書，p.295）はずなのに、その役割が十分果たされていないからだといえます。

　続いてメルロ＝ポンティは、薄暗がりの中にあるものの名前を呼ぶ、という例を挙げます。「私が薄暗がりのなかで一つの物を見つめ、『これはブラシだ』というとき、……『ブラシ』なる語そのものが意味を担い、私はこの語で対象を名ざすことによって対象に到達したという意識をもつのである」（同書，p.295）、と。薄暗がりの中にあって輪郭も定かではないようなものであっても、「これは

ブラシだ」と名指したとたんに、輪郭がはっきりしてきて、ブラシとしてみえてきます。このように言葉が意味を担っているからこそ、「呼称は再認そのもの」(同所)、つまり、ある対象の名前を呼ぶことで、私たちはその対象を再認識／再確認できるようになります。

　ここまでは、私たちがすでにその名前を知っている対象を思いだしたり、名指したりするという例でした。さらにメルロ゠ポンティは、初めてみる対象と言葉との関係について、幼児を例に挙げながら、次のように述べています。「幼児にとっては対象が名づけられたとき、初めてそれらが知られるのであり、名称は対象の本質であり、その色彩や形と同じ資格で対象のなかに宿るのである」(同所)、と。対象が言葉によって名づけられたとき初めてそれらが私たちに知られる、という対象と言葉との関係は、幼児だけではなく、おとなである私たちにも当てはまるはずです。このように私たちは、初めてみる対象を言葉で名づけることによって知り、その名前を思いだしたり名指したりすることによって、その対象を再認識／再確認しているのです。

3-2-2　児童虐待は本当に「増えた」のか?

　第1章ですでにみた私たちの思い込み (「近年の核家族化」、「大多数のひとりっ子」など) も、一般に流布している言葉によって作りだされたものでした。では、児童虐待についてはどうでしょうか。

　児童精神科医の滝川一廣は、過去と現在の児童虐待数について次のように語っています。

　　おそらく児童虐待は昔のほうがもっと多かったのではないかということです。ただ、以前はアビューズ [6] というふうには認識され

なかっただけでしょう。絶対数も児童人口比もおそらくいまのほうが減っているのではないか、と思います。社会全体をみれば現在の子育てはずいぶん手厚くなっています。(滝川, 2012, pp.98-99)

　かつては、「不適切な子育て」や「児童虐待」という言葉や概念がなかったために、発生していても認知されなかったのです。では、過去の子育てとはどのようなものだったのでしょうか。明治時代後期から大正・昭和初期にかけての伝統的な山村の子育て状況について、教育社会学者の広田照幸は次のように述べています。

　　家の存続を考えた際、子供の存在そのものが邪魔になることもしばしばであった。口減らしのために、子供たちは簡単に養子や奉公に出されたし、家で大きくなった子供もその労働力が不要であれば出稼ぎに出されたりした。わずかばかりの田畑を買い足すために親が子供を放りだして働いたり、借金を返すために子供が売られたりした話は数限りなくある。子供のために親が犠牲になる社会ではなく、親のために子供が犠牲になる社会だったわけである。(広田, 1999, pp.28-29)

　学校教育を受けさせないこと、子どもの世話を十分にしないこと、子どもを売ったり奉公に出したりすること……。これらを児童虐待とみなせば、滝川のいうように、児童虐待は昔の方が多かったと考えられます。現在の私たちが、「子どもは十分に愛情を注がれて育つべきだ」という価値観を当然のものとして、子どもに対する不適切なかかわりを、「児童虐待」という言葉で名づけて知るようになったからこそ、児童虐待の相談件数が年々増加しているわけです。だとすると、「昔に比べて家庭や地域や親の力が低下した」、という

のも、名づけによる一つの思い込みといえるかもしれません。

3-3　虐待する親はモンスターなのか？

　新聞・雑誌・テレビの報道、映像・文学作品、当事者の手記など、児童虐待に関するさまざまなメディアが巷にあふれています。逆をいえば、私たちのほとんどは、こうしたメディアを通した児童虐待しか知りません。「子どもを虐待死させた鬼母」「機能不全家族における毒親」、といったショッキングな言葉を目にする機会も増えました。毎日のように報道される悲惨な虐待事件を目のあたりにすると、虐待をする親は「毒」や「鬼」といわれても仕方がない、とさえ思えてきます。

　しかし、3-2-1で確認したように、私たちは言葉で名づけることでその対象を知り、その名前を思いだしたり名指したりすることで、その対象を再認識／再確認しているのでした。とすると、虐待をしてしまった保護者を「鬼母」や「毒親」と名指すことによって、彼／彼女たちは、こうしたショッキングな言葉が指し示すような恐ろしい存在として私たちに知られ、再認識されざるをえなくなります。くりかえしになりますが、私たちが言葉で名づけることでその対象を知ったり再認識したりするのであれば、「鬼母」や「毒親」とは違う言葉を使うことで、さらには、虐待してしまったではなく、虐待させられてしまったという言葉を使うことで、新たな観点から児童虐待を再認識することもできるのではないでしょうか。本節では、こうした観点から児童虐待を捉えなおします。

3-3-1　虐待の世代連鎖

　臨床心理士の長谷川博一は、虐待に悩む親のケアに取り組む会を
立ち上げており、その会のメンバーの手記を、『子どもを虐待する
私を誰か止めて！』という本としてまとめています[7]。虐待は愛
し合う関係にしか起きないとする長谷川が、虐待をしてしまった親
のケアに取り組むのは、次の理由からだといいます。

> 　支援から取り残された子どもたちが成長し、そのうちの何割かが
> 虐待する親に転じてしまったとたん、人々の視線は大きく変わる。
> 「被害者」から「加害者」へと立場は入れ替わり、「守られる人」が
> 「非難される人」になるのだ。同じ人間なのに、どの時点で注目さ
> れるかによって、まったく違う人間として見られるという現実があ
> る。（長谷川，2011, p.4）

　ひとりの人間が、成長と共に、虐待の「被害者」から「加害者」
へと、周囲から「守られるべき人」から「非難されるべき人」へと
変わっていきます。上述したように、「被害者」「守られるべき人」
と名づけられているときと、「加害者」「非難されるべき人」と名づ
けられているときとでは、同じひとりの人間であるにもかかわらず、
私たちへの現われ方がまったく異なっています。逆に、虐待の被害
者から加害者になってしまったそのひとの立場からしても、守られ
るべき被害者だったときと、非難されるべき加害者になったときと
では、世界の現われがまったく異なっているはずです。彼らが子ど
もからおとなへと成長するにつれて、周囲の人々が彼らに向けるま
なざしも、周囲の人々からかけられる言葉も、まったく変わってし

まったことでしょう。虐待をされる側からする側に転じてしまった親たちは、自分がすでにおとなになって親になっているという自覚さえ希薄なまま、こうした状況の変化にとまどい、途方に暮れているのではないでしょうか。

　このように、自分の意志とはかかわりなく、置かれている立場や周囲の見方が年月がたつにつれて変わってしまっただけ、という観点を強調するために、長谷川は、「虐待の世代連鎖」いう言葉をあえて使っています。

　　「あなたの過去がそうさせるのであって、あなたが悪い人だからではない」世代連鎖の思想は、力強くこう宣言するのだ。この宣言は、それまで「自分が悪い」と思い込み、自分を大切にするという形で力を使ってこなかった人たちに対して、「心の流れ」「運命の流れ」を一変させるほどの、コペルニクス的転換（エンパワメント）をもたらすこともある……誤解されないために付け加えるが、「あなたは悪くない」と言うのは、けっして「いま、あなたがしている虐待が悪くない」と言うものではない。（同書, pp.36-37）

　「虐待の世代連鎖」という言葉は、諸刃の剣です。というのも、親や家族は自分で選べないのに、負の連鎖から逃れられないような先入観を与えてしまうからです。虐待を受けたひとすべてが、虐待をする親になるわけでは決してありません。そうなってしまうひとはごくわずかです。しかし、先入観を与えるリスクがあるとしても、「世代連鎖」という言葉をあえて使うことは、虐待を実際に行っているのは親であっても、彼らもまた負の連鎖によって虐待させられているのだ、という新たな観点を、私たちに与えてくれます。

3-3-2 保護者をどう支援していくか

本章のまとめとして、虐待に悩む保護者を支援する取り組みについて紹介します[8]。児童相談所では、2000年代から保護者支援プログラムの導入が始まり、2012年時点で約7割の児童相談所が何らかのプログラムを実施しています。さらなる虐待を防ぐために必要不可欠なのは保護者支援・教育であることが、広く認知されるようになった結果なのでしょう。主なプログラムとその内容は、表3-2のとおりです。

表3-2　保護者支援プログラムの例 [8]

プログラムの名称	内　容
コモンセンス・ペアレンティング (CSP)	暴力を使わず子どもを育てる技 (子どもにしてほしいことを具体的に話し、子どもが実現したら褒めるといった手法) を保護者に伝えることで、虐待の予防や関係性の回復をめざす。
サインズ・オブ・セーフティ・アプローチ (SoS)	子どもが虐待されない安全な生活を形作る主体として保護者を捉え、安全な生活作りについて保護者と支援者が具体的に共に考えていくアプローチ。
精研式ペアレントトレーニング	保護者の養育スキルを向上させることで、困難を抱える子どもの適応行動を増やしていくことと、安定した親子関係を育めるようにすることをめざす。
MY TREE ペアレンツ・プログラム	匿名性が守られたグループ・セッション (「まなびのワーク」と「自分をトーク」) を通して、保護者のセルフケア力と問題解決力の回復を促し、親子関係の修復をめざす。
CARE	親子グループでのロールプレイなどを通して、子どもとの関係を良好にするためのコミュニケーションスキル獲得をめざすプログラム。

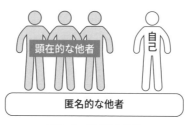

図3-4　2種類の他者

　こうした支援プログラムでは、自分自身について語れるようになること、暴力ではなく言葉を介して子どもと上手にかかわれるようになること、幅広い支援者と協働できるようになることがめざされています。私たちの思考やコミュニケーションが言葉を用いて行われる以上あたりまえなのですが、ここでも、言葉が重要な役割を果たしています。

　ところで、図3-4に示したように、現象学的な観点からすると、自分以外のすべての人間つまり「他者」は、大まかに2種類に分けることができます[9]。一つ目の他者は、私たちが今実際にかかわっている個別具体的な他者を意味する、顕在的な他者です。二つ目の他者は、序章で語られた「あたりまえの枠組み」を支えてくれている「みんな」や「世間」もそこに含まれるような、名前や顔のない匿名的な他者です。私たちは、匿名的な他者に支えられながら顕在的な他者と実際にかかわり合う、という形で日々を生きています。

　この分類を当てはめると、保護者支援プログラムでめざされているのは、子どもや支援者といった顕在的な他者との関係を良好にすることだ、とまずはいえそうです。しかし、保護者支援プログラムの多くが、保護者同士のピア・グループによる学びを重視しています。このことからは、明確に意識されているかどうかは別として、保護者支援プログラムには、匿名的な他者との関係を良好にする機

能も含まれている、と考えられることになります。

　たとえば、MY TREE ペアレンツ・プログラムのウェブサイトには、以下のような参加者の感想が掲載されています。「悩んでいたのは私だけでなく、こんなにもいたのかと正直思いました。みんな悩んで MY TREE に来た。 ··· ひとりじゃないと思いました」[10]。この感想からは、虐待をしてしまう保護者が、「こんなことをしてしまって悩んでいるのは自分だけだ」という圧倒的な孤独感の中にいることがうかがえます。MY TREE の実践について考察している現象学者村上靖彦は、「MY TREE のメンバーシップとは、『みんなもどこかでがんばっている』と意識することでこの世界とつながることができるというものである」(村上, 2017, p.53)、と述べています。上述の参加者や村上がいう「みんな」とは、まずは、ピア・グループを形成したメンバー、つまり顕在的な他者でしょう。しかし同時に、自分がこれまでもこれからも決して出会うことはないけれども、自分と同じように子育てに苦しんでいる無数の人々、つまり匿名的な他者も含んでいるといえます。支援プログラムを受講する保護者たちは、顕在的な他者たちとピア・グループとしてかかわり合いながら同時に、「みんなと同じで私はひとりじゃない」、「みんなもどこかでがんばっている」と実感するという形で、匿名的な他者にも支えられているのです。

　MY TREE にかぎらず、保護者支援プログラムにおいて、虐待をしてしまった保護者たちは、自分の現在や過去について自分の言葉で語ります。と同時に、彼ら／彼女たちは、プログラムで学んだ言葉、支援者からかけられた言葉、ピア・グループの仲間たちの言葉といった他者の言葉を自分のものとしていくことを介して、自分を取り戻していきます。このように顕在的・匿名的な他者から支えられることによって虐待から脱する、という歩みは、彼ら／彼女たち

が、他のふつうの「ママ友」や「パパ友」と同じように子どもとうまくやれる親という「世間」へと戻っていく歩みと、軌を一にしています。保護者は、「虐待」「鬼母」「毒親」「加害者」といった言葉によって名指され、意味づけられ、追い詰められています。しかし他方で、自分自身について語り、子どもや支援者やピア・グループの仲間といった顕在的な他者とつながり、「みんなと一緒でひとりじゃない」という形で匿名的な他者からの支えを感じられるのもまた、そのための言葉を獲得できたからなのです。 　　　　（大塚類）

【注】

[1] 厚生労働省ホームページ「児童虐待の定義と現状」より抜粋（http://www.mhlw.go.jp/seisakunitsuite/bunya/kodomo/kodomo_kosodate/dv/about.html）。

[2] 厚生労働省ホームページ「子ども虐待対応の手引き」より（http://www.mhlw.go.jp/bunya/kodomo/dv12/02.html）。

[3] ワンオペとはワンオペレーションの略。ワンオペ育児とは、育児を両親のうちのどちらかだけが担っている状況のことを指します。

[4] 厚生労働省ホームページ「平成30年度 児童相談所での児童虐待相談対応件数〈速報値〉」より（https://www.mhlw.go.jp/content/11901000/000533886.pdf）。

[5] 一時保護された子どものうち9割近くが、施設入所などの措置にならずに在宅支援となっています。しかし、その後に重篤な虐待が行われるケースが少なくありません。こうした事態をふまえ、2018年4月2日に施行された改正児童福祉法では、市町村が児童・保護者に対して必要な支援を行うことが明確化されました。なお、図3-3は、宮城県東部児童相談所研修資料（p.4）を参考に筆者が作成しました（http://cl-miyagi.org/wp-content/uploads/2014/02/34cefa24ee9429abe40021391cffb16f.pdf）。

[6] 児童虐待は、child abuse（チャイルドアビューズ）という英語の訳語です。

[7] 長谷川は、保護者が子どもを思うあまり過保護にしたり厳しいしつけをしたりすることで子どもの心を損なってしまう「やさしい虐待」の名づけ親でもあります。やさしい虐待と関連して、2019年に入ってから、「教育虐待」

という言葉もよく耳にするようになりました。教育虐待とは、教育熱心な保護者が、学習や習い事などに関して過度な期待を子どもにかけ、思うとおりの結果が出ないと厳しく叱責してしまうことを意味します。

[8] 以下、本項の記述は、「児童相談所保護者支援プログラム活用ハンドブック」（国立医療科学院, 2015）を参照しています（https://www.niph.go.jp/entrance/jidousoudan.pdf）。

[9] 第4章では、匿名的な他者をさらに二つに分け、三つの他者として論じます。

[10] MY TREE ペアレンツ・プログラムホームページ「プログラム受講者の声」（https://mytree-p.org/voice/20190329.htmll）。

【文献】

長谷川博一 (2011)『子どもを虐待する私を誰か止めて！』光文社

広田照幸 (1999)『日本人のしつけは衰退したか ── 「教育する家族」のゆくえ』講談社

メルロ＝ポンティ, M. (1967)『知覚の現象学 1』竹内芳郎・小木貞孝（訳), みすず書房

村上靖彦 (2017)『母親の孤独から回復する ── 虐待のグループワーク実践に学ぶ』講談社

滝川一廣 (2012)『「こころ」はどこで育つのか ── 発達障害を考える』洋泉社

第 **II** 部
他者とのかかわり

第Ⅰ部では、家族／家庭がひとの成長に及ぼす影響をみてきました。ひとは、家族以外の他者とのかかわりの中で、さらなる成長をしていきます。他者とかかわること、他者を理解すること、その深遠な営みをさぐっていきたいと思います。

第4章　つながり孤独
── SNS 時代の人間関係 ──

　つながり孤独という言葉を知っていますか？　子ども・若者世代
を中心として、現実の世界とインターネット上の世界が交錯する現
在を生きる私たちのあり方を象徴する言葉です。本章では、この言
葉を手がかりとしながら、そうした現在を生きる私たちの人間関係
について考えていきます。

4-1　つながり孤独

4-1-1　SNS の定義と利用率

　総務省が毎年発表している『情報通信白書』によると、2017 年
時点のスマートフォンの個人保有率は、13 〜 19 歳が 79.5％、20 代
が 94.5％、30 代が 91.7％に上っています（ちなみに調査対象である
10 代〜 60 代全体では 60.9％です）[1]。つまり、10 代〜 30 代の子ども・
若者世代の 8 割から 9 割が、自分のスマートフォンをもっているこ
とになります。

　2017 年度版の同白書では、スマートフォンを介した SNS（ソー
シャル・ネットワーキング・サービス）の利用実態についても調査し
ています。経年比較が可能な SNS として調査対象となっているの
は、LINE、Facebook、Twitter、Mixi、Mobage、GREE の 6 つのサー
ビスです。2016 年時点で、これらのサービスのいずれかを利用し

ている全世代の割合は71.2％に上っています[2]。特に20代では97.7％と、ほぼ全員がいずれかのサービスを利用しています。SNSに明確な定義はありませんが、写真共有アプリケーションであるInstagram や、ショートムービー共有アプリケーションである Tik Tok を調査対象に加えれば、SNS の利用率はさらに高くなることが予想されます。

4-1-2　つながり孤独

　このように、スマートフォンと SNS が日常生活において無くてはならない存在になったからこそ、「つながり孤独」を感じるひとが増えてきた、といわれています。あとで紹介する『友だち幻想 ── 人と人の「つながり」を考える』という 2008 年に書かれた新書が、10 年の時を経た 2018 年に、人づき合いの処方箋として各種メディアに取り上げられ、累計 38 万部を超える大ヒットとなったことからも、人々が感じているつながり孤独の深刻さがうかがえます。

　つながり孤独は、2018 年 7 月 25 日に放送された「クローズアップ現代＋」のテーマでした。つながり孤独の記事には次のように書かれています。

　　「SNS を使って友だちもいるのに、どうしようもなく "孤独"
　　……」いま、若い世代を中心に、こうした "孤独感" に襲われ、学
　　校や職場を辞めたり、ひきこもりがちになったりする人々がいる、
　　ということがわかってきました。「孤立無援というわけではないけ
　　れど、なんだか "ひとりぼっち"。私たちは、この気もちを "つな
　　がり孤独" と名づけ、その実態を調べることにしました。[3]

クローズアップ現代＋のホームページには、番組のログが掲載されているので、興味があるひとは読んでみてください[4]。番組には、Facebook や Twitter や Instagram といった SNS で自分以外の人々の幸せそうな姿をみて、羨望や、焦燥感や、孤独を感じてしまう人々が登場します。これがつながり孤独の一つの側面です。

　もう一つの側面として語られるのが、「SNS でも現実の世界でも本音をいえない」という人間関係のあり方です。番組では、「現実世界の人間関係に失敗したから SNS 世界に逃げることはできても、SNS 世界で失敗したからといって現実の世界を頼りにすることはむずかしい」、という若者の言葉が紹介されていました。というのは、SNS 世界では自分自身を隠して複数のアカウントを駆使したり、嫌になったらそのコミュニティから降りたりすることができますが、自分自身として生きている現実世界ではそうはいかないからです。そのため、多くの若者たちは、現実世界の人間関係で失敗しないように、周囲の人々に承認してもらえるように、細心の注意を払うのだといいます。しかし他方で、逃げ場でもある SNS 世界は、フォロワーや「いいね！」の数という形で、他者からの承認が可視化されるシビアな世界でもあります。にもかかわらず SNS をやめられないのは、SNS を使うことがあたりまえになっていて、使わないことが逆に不自然になってしまうからだといいます。ここからみえてくるのは、現実世界の人間関係でも気をつかい、SNS 世界でも承認を得るために本音がいえなくなってしまう人々（若者）の姿です。

4-1-3 同調圧力

　上述したように、人々は、SNS世界と現実の世界が交錯する中で、つながり孤独を感じています。「SNSでも現実の世界でも本音をいえないにもかかわらず、SNSをやめることができない」という現代の若者のあり方を、社会学者の土井隆義は、「つながり依存から派生する『つながり過剰症候群』」（土井, 2018, p.35）と呼んでいます[5]。価値観が多様化した現在において、人々は、身近な「個別具体的な他者に依存することで、自分のポジションを安定させたい」と思うようになり、それが「つながり依存という形で、目に見えるものになったのだろう」（同書, p.36）、と土井は指摘しています。

　こうしたつながり依存の関係においては、場の空気を読んでみんなと同じようにふるまうことを暗黙のうちに強制する、「同調圧力」がはたらいています。みんながLINEに即レスするから、みんながSNSに「いいね！」を押すから、みんなが空気を読んだ会話を続けるから、私もそうしなければならない、というのが同調圧力です。4-1-2で紹介した『友だち幻想』の著者である社会学者の菅野仁は、こうした関係においてはたらいている同調圧力の理由を次のように述べています。すなわち、情報と価値観の多様化によって感じざるをえない不安から逃れるために、私たちが無意識的に群れようとすること（「みんなと同じ」という同質性の重視）が、同調圧力を生みだしている、と。

　現代のこうした傾向に警鐘を鳴らす菅野は、同質性の重視ではなく、他者の他者性[6]を前提とした、異質な者同士が同時に存在する「並存性の重視」（菅野, 2008, p.63）を提案しています。並存性の重視とは、「気の合わない人間、あまり自分が好ましいと思わな

い人間……そういう人たちとも『並存』『共存』できること」（同書，p.70）、といいかえられています。具体的には、自分の意に沿わない人々とかかわらざるをえない場合に、反発したり、攻撃したりするのではなく、「同じ空間にいてもなるべくお互い距離を置く」（同書，p.91）ことが提案されています。

4-2　現象学的にみたつながり孤独

つながり孤独を感じる要因である、所属するコミュニティに対して私たちが向ける承認欲求と、コミュニティにおいてはたらく同調圧力について、序章で紹介した「世間」という観点からさらに考えていきます。

4-2-1　「世間」の一員であることの安心と苦しみ

序章で紹介した世間について、もう一度おさらいしましょう。「ひと」を意味するドイツ語 das Man の訳語である世間は、私たちをとりまいている周囲の人々を意味します。その範囲は、家族、友だち、知り合いだけにとどまらず、社会全体にまで及びます。世間は、どこにも実体のない不思議な存在であるにもかかわらず（むしろそうだからこそ？）、私たちが何かを決めるときに、「大丈夫、それはみんながそうすることだから、あたりまえだから」という仕方で、自分の責任を感じないですむようにしてくれる、という役割をもっています。私たちは、世間の一員として一般的・平均的なあり方をすることで安心感を得ると同時に、平均的なあり方をし続けるために、無意識のうちに常に他者たちと自分を比べ続けている、とハイ

デガーはいいます（ハイデガー，2003, 第27節）。

　世間という観点を導入すると、つながり孤独を構成する二つの側面は、次のように考えられます。まず、多くのひとが、SNSを介して自分以外の人々の幸せそうな姿をみずにおれないのは、私たちが、世間の一員として平均的なあり方をするために自分と他者を比べざるをえないからだ、といえます。さらに、SNS上での他の人々の幸せそうな姿に羨望や孤独を感じてしまうのは、自分は平均以下なのではないか、という焦燥感をかきたてられるからだといえます。「SNSでも現実の世界でも本音をいえない」というもう一つの側面は、SNS世界でも現実世界でも世間の一員であることを欲する以上、逃れられない苦しみなのかもしれません。同調圧力を感じて本音がいえない息苦しさよりも、世間の一員として責任が免除される安心感の方が大事なのです。

　人間関係の処方箋として『友だち幻想』が爆発的大ヒットとなったことも、世間のあり方を典型的に示しています。この本を手に取った多くの人々は、人間関係に苦しんでいる人々から成る世間の一員として、「人間関係に苦しんでいるのは自分だけじゃない」という安心感を抱けたはずだからです。

4-2-2　3種類の他者

　家族、友人、知り合い、職場のひと、人間関係に苦しんでいるひと、SNS……、日常生活において私たちは、複数の具体的な世間を同時に生きています。ここで注意したいのは、ハイデガーのいう世間は、上で述べた具体的な世間とは異なり、どこにも実体がないものであり、私たちの「あたりまえ」を根底で支えているあり方だ、ということです。根底にある世間と、個別具体的な世間について、

他者の層という観点からさらに考えていきましょう。

　本書が理論的な拠りどころとしている現象学では、他者を三つに分けて考えます。その三つとは、匿名的な他者、潜在的な他者、顕在的な他者です。ハイデガーのいう世間、つまり、どこにも実体がなく私たちの「あたりまえ」を根底で支えているのが、匿名的な他者です。名前がなく実体がないという意味で、匿名的という言葉が使われています[7]。こうした匿名的な世間に支えられる形で、私たちは、現実の世界でも、SNS世界でも、複数の具体的な世界（コミュニティ）の一員として生きています。匿名的・潜在的・顕在的な他者の関係は実際にはとても複雑なのですが、本書では便宜的に、顕在的な他者＝現実世界で出会う他者、潜在的な他者＝SNS上の他者、として考えていきます。

　顕在的な他者、すなわち、現実世界で出会う他者は、家族、友だち、知り合い、職場のひと、近所のひとといった、直接会うことのできる顔のみえる他者です。したがって、家庭、学校のクラスや部活、友人のコミュニティ、職場はそれぞれ、顕在的な他者によって構成されている具体的な世界になります。

　他方、潜在的な他者、すなわち、SNS上の他者としてまず想定されるのは、本名や素性は知らないけれども、アカウント名でつな

図4-1　三つの他者

がっている他者です。さらには、学校の卒業などでおそらく現実では会うことはないという意味で、顕在的な他者から潜在的な他者になった人々も含まれます。以上をふまえて本書では、潜在的な他者とは、匿名的な他者とは違って現実に存在しているけれども、基本的にはSNS上でしかかかわり合いのない他者のことを意味することにします。基本的には、という留保を置いたのは、「オフ会」などといった形で、アカウント名でつながっている他者同士が実際に会うことがあったり、卒業以来疎遠となっている同窓生とも、同窓会などで数年〜数十年ぶりに会うことがあったりするからです。

　SNS上の他者の複雑さはまだあります。SNS上の他者には、家族、友人、知り合いといった顕在的な他者が含まれている場合がほとんどでしょう。つまり、匿名的な世間に支えられているSNS上の世間と現実世界の世間は、かなりの部分重なり合っています。実際、つながり孤独を感じている人々がSNS上でみているのは、今も現実でつながっている顕在的な他者や、かつて現実でつながっていた潜在的な他者の動向だと考えられます。

　たとえば、クローズアップ現代＋のホームページには、「知り合いの幸せそうな姿、夢や目標に向かって頑張っている姿をみて、自分は誰からも認められていないのではないかと、孤独を感じます」（20代男性）、「SNSの投稿では、〔都会に就職した〕友だちが就職先の先輩と楽しそうにしているのです。自分とは違う状況がうらやましくなり、孤独感にさいなまれます」（20代女性）、といった声が掲載されています。上述したように、私たちは、世間の一員として平均的なあり方をするために、自分と他者を比べずにはおれません。しかも、SNS上でつながっているために、かつての友人といった潜在的な他者の充実して幸せそうな姿を毎日みて、自分と比べることができてしまいます。たとえば、20代なのだから夢や目標に向かっ

68

て頑張るべきだ、職場の同僚と休日も充実した時間を過ごすべきだ、というあたりまえ。こうしたあたりまえを暗黙のうちに強要される苦しみよりも、世間の一員でいる安心感の方が勝るからこそ、SNS上の他者と自分を比べてしまうのでしょう。SNSをやめることのできないつながり依存／つながり孤独の苦しみは、世間がもたらすこの矛盾にあります。

4-3 つながり孤独から少しでも逃れるために

4-3-1 非選択的な世間と選択的な世間

4-1-2では、現実世界の人間関係に失敗したからSNS世界に逃げることはできても、SNS世界で失敗したからといって現実世界を頼りにすることはできない、という考え方を紹介しました。この言葉から示唆されるのは、具体的な世界（コミュニティ）には、非選択的な世間と選択的な世間がある、ということです。「選択的」とは文字通り、自分で選んで自分の意思で関係を持続させていることを意味します。つまり基本的には、現実の世界は非選択的な世間で、SNS世界は選択的な世間といえることになります。

自分の生まれ育った家族や、配属される職場の人間関係を選ぶことはできません。一見選択的であるようにみえる友だち関係の多くも、同じクラスやゼミ、同じ部活やサークル、同じバイト先といった、あらかじめ与えられているコミュニティの中で育まれます。もちろん、家庭、職場、友だち関係といったコミュニティから脱することもできます。しかし、恋愛関係や友だち関係で誰もが一度は経験したことがあるように、いったん所属したコミュニティから抜け

るためには、多大なる気苦労と労力が必要になります。さらに、現実世界における非選択的な世間から脱することは、クローズアップ現代＋の記事にあったように、学校や職場を辞める、ひきこもりになるといったネガティブな結果になることが多いかもしれません。だからこそ私たちは、同調圧力に息苦しさを感じつつも、具体的な世間の一員であり続けることをみずから望むのでしょう。

　他方、選択的な世間であるSNS世界では、嫌になったら相手をブロックしたり、コミュニティから抜けたり、自分の既存のアカウントを消して、新しいアカウントを作って新たな人格として活動できます。にもかかわらず、SNS上でも本音をいえない、と感じるひとがいるのはなぜなのでしょうか。その理由は二つ考えられます。

　一つ目の理由は、4-2-2で述べたように、SNS上の世間の大半が、現在あるいは過去における現実の世間の延長線上に位置づいているからです。つまり、アカウント名であっても本名が知られているため、SNS上の世間での発言やふるまいが、そのまま現実世界の人間関係に影響を及ぼすからです。この場合、現実世界の世間とSNS上の世間は、ほぼ重なっていて同一だと考えられます。

　もう一つの理由は、現実世界とは関係のないSNS上の世間ならではの理由です。SNS上の世間は、興味関心・主義主張・趣味特技といった観点から、自分の意識で選択した世間です。このような選択的な世間だからこそ、そのコミュニティでの自分の発言やふるまいを認めてもらえることが大きな意味をもつ、と考えられます。自分の好みで自分が選んだ世間だからこそ、その世間で認めてもらえないこと、場合によっては排除されてしまうことは、非選択的な世間の場合より苦しく恐ろしいことなのではないでしょうか[8]。

　とはいえ、上述したように、SNS上では既存のアカウントを消して、新しいアカウント＝人格として何度でもやり直すことや、複数

のアカウントを駆使することができます。同じテーマを扱っているコミュニティも多数存在します。その意味で、SNS世界での失敗は現実の世界における失敗より痛手が少ないともいえます。しかし、くりかえしになりますが、自分で選択した自分が好きなものごとを基盤とした世間でうまくいかないことは、「自分で選んだんじゃないのに」といった責任転嫁ができないぶんだけ、そして、自分の思い入れも強いからこそ、ダイレクトな自己否定につながるおそれも十分あります。

4-3-2　自分で作りだしている錯覚

　先述した土井は、現代を生きる人々の間で、友人の数の多寡で人間としての価値が測られるかのような感覚が広がっていることを、つながり依存の背景として指摘しています。というのも、「付き合う相手を自由に選べる環境では、付き合う相手のいないことが、自分の価値のなさの反映と受け取られてしまいがち」（土井, 2018, p.45）だからだといいます。現実世界の非選択的な世間においては、自分が所属しているコミュニティと友人の多さを介して、そしてSNSの選択的な世間においては、フォロワーや「いいね！」の数の多さを介して、私たちは常に、他者との比較の中で自分の価値を問われています。

　さらにここで注目したいのは、こうした感覚に人々が支配されてしまう理由として、土井が次のように述べている点です。人々が、「周囲からそういう目〔＝友だちが少ないから人間としての価値が低い〕でみられはしないだろうかと危惧を覚えてしまいがち」であるから、つまり、「自身が〔自分の人間としての価値について自分に対して〕向ける眼差しだけではなく、他者から注がれるまなざし

に怯え」（同所，〔　〕は引用者による補足）ているからだ、と。

　心理学に「透明性の錯覚」という概念があります[9]。自分の好みや判断を伝えていないにもかかわらず、他者にはそれがわかってしまう。これが透明性です。私たちは、こうした透明性を実際よりも過大視してしまいます。つまり、他者が現実にわかっているより以上に、自分の好みや判断が他者に知られている、と考えてしまいます。これが透明性の錯覚です。実際には、親しさの度合いと透明性は関連していません。にもかかわらず、透明性の錯覚は、親しい間柄の方がより強くはたらく、という研究結果があります。つまり、日常生活における私たちは、自分の好みや判断を直接伝えていなくても、親しい人々にはそれらが自然と知られている、と考えてしまうのです。この透明性の錯覚と、上述の土井の指摘からは、以下の観点が導かれます。それは、現実世界やSNS世界で私たちが感じている他者からのまなざしが、実は、自分自身が過度に作りだしている錯覚にすぎないかもしれない、という観点です。

　現実世界で所属しうるコミュニティや、SNSにアップできる充実した経験の少なさを他者に見透かされて、バカにされたり憐れまれたりしているに違いない、と自分では感じていても、他者は案外気づいていなかったり気にしていなかったりするかもしれません。視点を変えてみれば、自分がつながり孤独を感じる原因になっている「リア充」[10]な友人・知人も、もしかしたら、透明性の錯覚に支配されていて、「見栄を張って写真をアップしていることがフォロワーにばれているんじゃないか」、「ここでSNSをやめたら何か不幸なことがあったと思われるんじゃないか」と怯え、SNSでのリア充披露をやめるにやめられなくなっているのかもしれません。こうしたあり方も、他者に自分のありのままをみせられないという意味で、一種のつながり孤独だといえるでしょう。つながり孤独にもい

ろんな形があるのだと思えたら、みんなそれぞれつらいのだと実感
できたら、自分が感じている孤独も少しは癒されないでしょうか。

　SNSをほとんどのひとがやっている今、SNSをやらない、ある
いは、SNSをやめるという選択肢を選ぶことは至難の業でしょう。
いろいろな形で通知がくるので、友人・知人のリア充な投稿をみず
にはおれないのかもしれません。SNSによって顕在的な他者との
つながりが24時間化し、潜在的な他者が爆発的に増えたからこそ、
つながり依存やつながり孤独に陥らない方が珍しい、とさえいえる
かもしれません。しかし実は、SNSをやらなければいけないという
思いも、自分をおびやかす他者のまなざしも、自分自身が作りだし
ている錯覚なのだとしたら、自分の意志でSNSを選択的に利用・
活用することも、それほどむずかしくないのかもしれません。

（大塚類）

【注】

[1] 総務省『情報通信白書』平成30（2018）年度版（http://www.soumu.
go.jp/johotsusintokei/whitepaper/ja/h30/html/n4200000.pdf）。

[2] 総務省『情報通信白書』平成29（2017）年度版（http://www.soumu.
go.jp/johotsusintokei/whitepaper/ja/h29/html/nc111130.html）。

[3] https://www.nhk.or.jp/gendai/kiji/104/

[4] https://www.nhk.or.jp/gendai/articles/4164/

[5] ママ友やPTA活動の息苦しさや、職場での人間関係の悩みを訴える人々
が増えている昨今の風潮からすると、「つながり過剰症候群」は、若者だけ
ではなく私たちの人間関係一般に当てはまるあり方だ、とさえいえるかもし
れません。

[6] 「他者」や「他者性」という言葉からイメージされる冷たさに違和感を覚
えるひともいるかもしれません。本書が理論的根拠としている現象学では、
他者とは自分以外の人間全般を意味します。菅野も同じような定義をしてい
ます。「どんなに近い存在であろうと、自分以外はすべて『他者』、つまり自

分とは違う考え方や感じ方をする他の人間である」(菅野, 2008, p.38)、と。

[7] この「匿名的な他者」という言葉は、現象学の創始者であるエトムント・フッサールの言葉です。フッサールによれば、匿名的な他者は、私たちが人間としてあたりまえにふつうに過ごすことを可能にしている機能の一つです。

[8] 2008年に秋葉原で無差別殺傷事件を起こした加藤智大死刑囚の主たる動機は、自分の立ち上げたインターネットの掲示板が乗っ取られて誹謗中傷を受け、現実世界にもインターネットの世界にも自分の居場所がない、と感じたことだとされています (加藤, 2012参照)。このことからも、選択的な世間で認められないことの影響の大きさがうかがえます。

[9] 例えば工藤 (2007) など。

[10] リアルな生活、つまり現実の生活が充実している人々を意味するインターネットの造語。

【文献】

土井隆義 (2018)「つながり過剰症候群 ―― 友だち探しという明るい地獄」『談』no.112, 公益財団法人たばこ総合研究センター

ハイデガー, M. (2003)『存在と時間』原佑・渡邊二郎 (訳), 中央公論新社

菅野仁 (2008)『友だち幻想 ―― 人と人の「つながり」を考える』筑摩書房

加藤智大 (2012)『解』批評社

工藤恵理子 (2007)「親密な関係におけるメタ認知バイアス ―― 友人間の透明性の錯覚における社会的規範仮説の検討」『実験社会心理学研究』第46巻1号, pp.63-77.

マズロー, A. H. (1987)『人間性の心理学 ―― モチベーションとパーソナリティ』小口忠彦 (訳), 産能大出版部

第5章　いじめ
── 雰囲気を共に生きる──

　本章では、いじめを題材としながら、雰囲気や空気にもとづく他者関係や他者理解について考えていきたいと思います。

5-1　いじめ問題の基礎知識

　まず、いじめの認知件数といった現状や、いじめの理論について学びます。

5-1-1　いじめの定義

　2013年9月に「いじめ防止対策推進法」(以下、防止法と略)が施行されました。防止法は、いじめの防止、いじめの早期発見、いじめへの対処にかかわる基本理念を定めると同時に、保護者、地方公共団体、国などがそれぞれ担うべき責務を明らかにしています。
　防止法では、いじめは次のように定義されています。「『いじめ』とは、児童等に対して、当該児童等が在籍する学校に在籍している等当該児童等と一定の人的関係にある他の児童等が行う心理的又は物理的な影響を与える行為(インターネットを通じて行われるものを含む。)であって、当該行為の対象となった児童等が心身の苦痛を感じているものをいう」と。さらに文部科学省は、いじめは「どの

子どもにも、どの学校においても起こり得る」としています[1]。

5-1-2　いじめの認知件数と態様

　文部科学省が毎年実施している「児童生徒の問題行動・不登校等生徒指導上の諸課題に関する調査」[2] によると、国公立小・中・高等学校および特別支援学校において、平成29年度に認知されたいじめの件数は414,378件に上ります。認知件数は、どの学校種においても、前年度より大幅に増えています。その理由を文科省は、「学校においていじめを積極的にみつける対応が定着してきたため」としています。

　実際に子どもが経験しているいじめの態様（同調査。複数回答可）を上位から並べると、表5-1のようになります。

5-1-3　ネットいじめ

　表5-1をみてください。「パソコンや携帯電話等で、ひぼう・中傷や嫌なことをされる」いじめ、すなわち、ネットいじめは、件数だけみれば3.0％と少ない割合にとどまっています。しかし、学校種別にみると、中学校では4位、高等学校では2位につけており、思春期以降の若者の間で、徐々に問題化してきているといえそうです。

　ネットいじめに特有の問題として、次の三つを挙げることができます（加納，2017 参照）。① Twitter の鍵つきアカウント（いわゆる鍵アカ）や LINE のグループトークなど、ソーシャルメディア特有の閉鎖性があること[3]。② しかし同時に、SNS 上で写真や情報が不特定多数の他者に向けて拡散されていくこと。③ ネットいじめ

表5-1　いじめの態様と割合 [2]

いじめの態様	割合(%)
冷やかしやからかい、悪口や脅し文句、嫌なことを言われる	62.3
軽くぶつかられたり、遊ぶふりをして叩かれたり、蹴られたりする	21.0
仲間はずれ、集団による無視をされる	14.1
嫌なことや恥ずかしいこと、危険なことをされたり、させられたりする	7.6
ひどくぶつかられたり、叩かれたり、蹴られたりする	5.8
金品を隠されたり、盗まれたり、壊されたり、捨てられたりする	5.8
パソコンや携帯電話等で、ひぼう・中傷や嫌なことをされる	3.0
金品をたかられる	1.2
その他	4.2

は場所と時間を問わず行われるため被害者の逃げ場がないこと。こうした特徴を除けば、ネットいじめもリアルいじめも、以下で示す同じ構造を備えています。

5-1-4　いじめへの対処 [4]

　いじめへの対応で強くいわれるのが、早期発見・早期解決です。学校関係者（教職員やスクールカウンセラー）と保護者には、子どもの些細な変化に気づけるように、日ごろから子どもとコミュニケーションを取ることが求められます。

　特に学校に求められることとして、以下の5点が挙げられます。① 全教職員が参加する事例研究やカウンセリング演習など、実践的な内容をもった校内研修を積極的に実施し、いじめに対して学校を挙げた対応ができる準備を整えておくこと。②「いじめは人間と

して絶対にゆるされない」という意識を、一人ひとりの児童生徒に徹底させる教育と学級経営を行うこと。③ 関係者へのていねいな聴き取りにもとづき、いじめ加害者への指導と、いじめ被害者へのケアを行うこと。④ いじめを継続させないための弾力的な対応（学級編成や通学する学校の変更など）を行うこと。⑤ いじめの早期解決に向けて、家庭、教育センター、児童相談所、警察など、地域の関係機関と連携協力すること。

いじめは刑罰法規（強制わいせつ・傷害・暴行・強要・窃盗・恐喝・器物損壊など）に抵触する可能性のある行為です。さらに、同世代からのいじめは、おとなからの虐待よりも深刻な精神的影響を与える、という研究結果もあります（Lereya et al., 2015 参照）。だからこそ、いじめに真摯に向き合い、早期発見・早期解決する必要があります。

5-1-5 これまでのいじめ論

社会学者の森田洋司らによると、教室内でのいじめは4層構造をなしており、クラス全員が何らかの形で、ある特定の子どもへのい

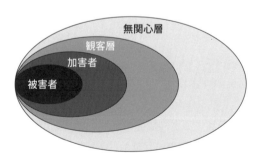

図5-1 いじめの4層構造（森田他, 1994）

じめに参加している、とされています（森田他, 1994）（図5-1）。この4層とは、いじめの被害者、いじめの加害者、いじめをはやし立てる観客層、ただ傍観しているだけの無関心層です。しかし、5-1-6以降でみていくように、今日のいじめはいささか変化しているようです。

5-1-6　新しいいじめ論①　スクールカースト

　スクールカーストという観点からいじめを理解しようとしているのが、教育評論家の森口朗です。森口はスクールカーストを、「自己主張力」「共感力」「同調力」を含んだ各人のコミュニケーション能力（人気やモテ）に応じた、クラス内ステイタス（森口, 2007, p.43以下参照）と定義しています[5]。スクールカーストの観点から森口が分類した四つのいじめについてみていきましょう（図5-2〜図5-5）。なお、図中の◎は恒常的な被害者、●は恒常的な加害者、■は被害者にもなりうる加害者、□は中立者（加害者にも被害者にもならない）、点線はグループのまとまりを表しています[6]。

　この4分類をふまえることにより、旧来のいじめ構造の不十分な点が明らかになります。タイプ①に示される「クラスのほぼ全員が加害者にも被害者にもなる」いじめの場合、旧来の構造では毎回各層の構成メンバーが変わることになり、現実的ではありません。また、旧来の構造では、クラス内でグループが細分化され、その中でいじめが生じているケースをうまく表現できません。このようにいじめは多様化しているのです。

いじめタイプ① クラスの大半が加害者にも被害者にもなりうるいじめ [7]

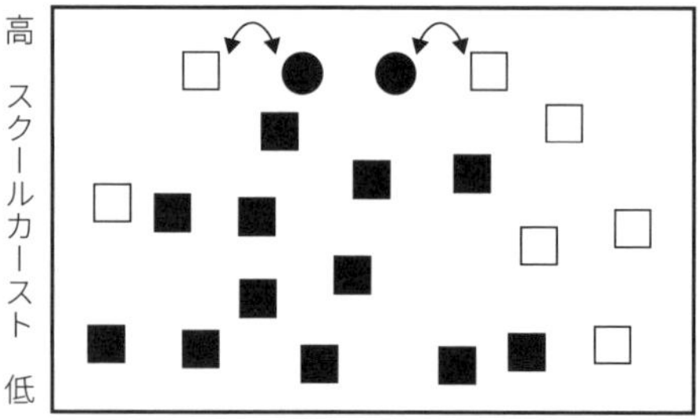

図5-2　いじめタイプ①

〈ポイント〉
多くの子どもたちが、加害者にも被害者にも観客にもなりうる立場にいる、今時のいじめの一つ。ターゲットによっては恒常的な加害者になるが、それ以外の場合には中立者になる子どももいる。

いじめタイプ② さまざまな差別に基づくいじめ

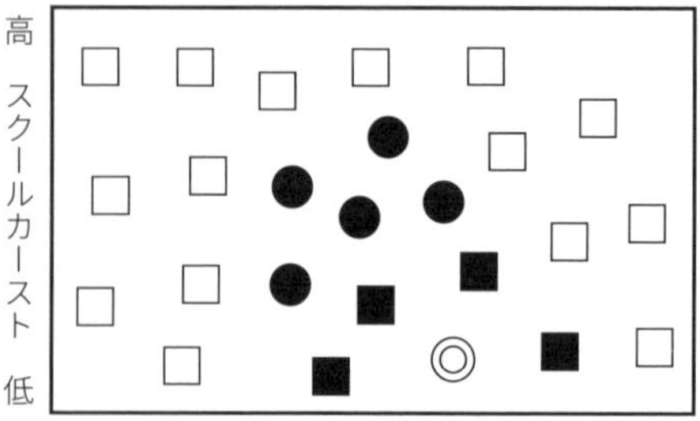

図5-3　いじめタイプ②

〈ポイント〉
差別の理由は、学力が低い、身なりが不潔といったものから、生家が裕福、容姿がよいといったものまでさまざま。価値観の問題になるため、いじめに不参加の子どもも増える。

いじめタイプ③ グループ内でのいじめ

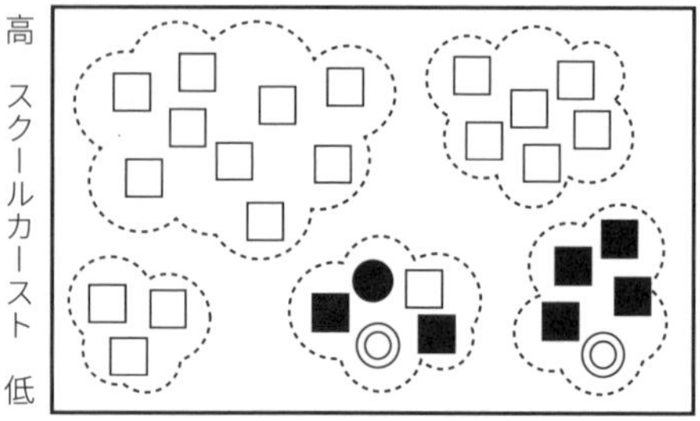

図5-4　いじめタイプ③

〈ポイント〉
最も一般的ないじめ。スクールカーストの低い子どもほどグループ内移動がむずかしいため、いじめはカーストの低いところで起きる。いじめリーダーの気分によって、加害者から被害者に地位が入れ替わることもある。

いじめタイプ④　クラスを超えたいじめ

高　スクールカースト　低

〈ポイント〉
クラスを超えた不良グループが、特定の被害者をターゲットにする。暴行・恐喝など悪質な場合が少なくない。

図5-5　いじめタイプ④

5-1-7　新しいいじめ論②　優しい関係

　第4章でも紹介した社会学者の土井隆義は、若者たちの「優しい関係」がいじめを生みだしている、といいます（土井, 2008）。今日の若者は、周囲の友だちと衝突したり嫌われたりすることを極端にきらい、常に空気を読み、相手への繊細な気配りをしています。それが優しい関係です。「地雷をふまない」ように、相手の顔色や場の空気を読み続けるのは、とても神経を使います。そうして煮つまった息苦しさから逃れるために、グループの誰かを「いじる」、つまりいじめるわけです。上述のスクールカースト論でいうと、タイプ③に当てはまると考えられます。

　土井自身は述べていませんが、グループを移動することや、「キャラ」を変えることはなかなかむずかしいので、グループ内で「いじられキャラ」として認定されてしまうと、ターゲットにされ続ける可能性があります。「いじられることはおいしい」、つまり、まわりからバカにされることは、みんなの注目をあびて目立てることである、という価値観を多くの子どもたちはもっています。そのた

め、いじる側も、いじられる側も、楽しく笑い続ける必要があります。いじられキャラが、いじられるつらさに耐えかねて、いじりに乗らないことは、「空気を読まない」、場をしらけさせる行為であり、まわりから認めてもらえません。しかし他方で、いじる－いじられるという関係が固定化してしまえば、また空気が煮つまってしまいます。その際には、たとえば、「空気を読まずにやりすぎた誰か」が、次の被害者になるのかもしれません。

　いずれにせよ、優しい関係のいじめにおいても、「場の雰囲気」が重要なカギをにぎっています。土井も次のように述べています。「いじめの主導権を握っているのは、いわば場の空気であって、生徒たちは誰もがそのコマの一つにすぎない」（土井，2008，p.22）、と。

5-1-8　新しいいじめ論③　群生秩序

　社会学者の内藤朝雄は、みんなで生きているその場の雰囲気（ノリ）が善悪の基準となるような子どもたちのあり方を「群生秩序」と名づけ、次のように述べています。

> 　自分が好意を持って近づこうとする以前に運命としてベタベタさせられる生活環境で、生徒たちは、個人で愛したり、憎んだり、楽しんだり、むかついたりするのではなく、みんなのノリを感じ取り、その盛り上がりに位置付けられた「自」の「分」としての「自－分」の感情を身分的に生きる。……〔この〕無責任のおかげで、生徒たちは身もこころも軽くなって、ひとりではできないことを平気でやる（内藤，2009，p.48）。

「友だちに『あのひと嫌い』と言われると、『何かそれ』がうつっ

てしまう」（同書，p.57）と少女が語るように、子どもたちは、自分の意志ではなく、いわば「集団の意志」につき動かされていじめをしている、といえます。

5-2　感情と雰囲気に関する現象学の知見

前節で取り上げた新しいいじめ論からは、いまどきのいじめを読み解くうえで、場や集団の「空気」や「雰囲気」という観点が欠かせないことが明らかになりました。そこで本節では、空気や雰囲気にもとづいて他者の状態や思いを感知することについての現象学の記述をみていきたいと思います。

5-2-1　雰囲気としての感情

感情や気分と雰囲気との関係を考察している哲学者のヘルマン・シュミッツは、「通常は個々人の私的なことがらとしてみなされている感情」は、空間的な広がりをもつ「雰囲気でもある」（Schmitz, 1974, S.329）、といいます。一人ひとりがかもしだす雰囲気が混じり合って、場の雰囲気が作られます。

感情が雰囲気であり、個々の雰囲気が集まって場の雰囲気が作られることについて、結婚式を例に考えてみましょう。新婦の父親は、嬉しさよりも寂しさを感じているかもしれません。新郎新婦の母親は、子育ての集大成をむかえ、安堵と誇らしさを味わっているかもしれません。お酒と食事だけを楽しみにきた遠縁の親戚もいるかもしれません。このように参列者がそれぞれの感情を抱いていても、結婚式会場は、総じて、喜びや幸せの雰囲気で満たされていま

す。そうした会場にいることで、参列者全員が、喜びや幸せの感情を味わうようになります。私たちの感情が、空間的な広がりをもつ雰囲気だからこそ、自分の感情が場の雰囲気を変えることもありますし、逆に、自分の感情が場の雰囲気に影響を受けることもあるわけです。

　自分の感情と場の雰囲気とのこうした関係は、たとえば、母親の機嫌が悪いと、家じゅうの雰囲気がピリピリしたものになることや、スポーツ観戦や映画鑑賞での観客の一体感として、しばしば体験されます（図5-6）。その場にいる一人ひとりが、感情を雰囲気としてかもしだします（細い点線）。その雰囲気が混じり合って、一つの場の雰囲気が作られます（太い線）。この場の雰囲気に、その場にいる人々の感情や思考が影響を受けます。こうして場の雰囲気はそのつど作られ続けるのです。

　他方、場の雰囲気と自分の感情との関係は、両者がシンクロするものだけではありません。たとえば、恋人と別れた寂しさをいやすために飲み会に顔を出したのに、楽しく盛り上がっている雰囲気になじめずになおさら寂しさが募る、という場合があります。シュミッツも、「ある感情は、ある人にとって、その人自身を捉えるこ

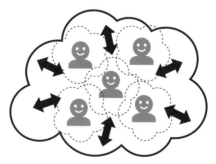

図5-6　場の雰囲気の作られ方

となく、押し付けがましい形でふりかかってくることもある」(同書，S.336)、と述べています。私たちが場の雰囲気を敏感に捉えるからこそ、その雰囲気になじめない自分の感情が際立って感じられることもあるのです [8]。

5-2-2　雰囲気にもとづく他者理解

　哲学者マックス・シェーラーは、共感 (sympathy) のさまざまなあり方を考察しています (シェーラー，1977)。本項ではその中から、相互感得、感情伝播、一体感の三つを紹介します。

　相互感得とは、自分と相手が、同じ情緒的活動を互いに感じ合いつつ、互いに体験し合っていることです。いじめの例でいえば、いじめの加害者同士が、被害者に対するイライラしてムカつく気もちを、あえて言葉にしなくても感じ合っている状況になります。

　感情伝播とは、あるひとの感情がまわりの人々に伝播し、「不随意」に「無意識」に、その人々も同じ感情を抱くようになることです。いじめの例でいえば、5-1-8 で述べたように、誰かが「Aがムカつく」と思い、言葉や態度によってそうした雰囲気をかもしだすと、それがまわりのクラスメートにも感染し、彼らもAのことをムカつくようになるという状況です。

　一体感とは、自分と他者が一体となって、同じ感情状態に陥ることです。この一体感の例として、シェーラー自身は、宗教的儀式などでの忘我状態(エクスタシー)を挙げています。いじめの例でいえば、被害者を自殺に追い込むほどのひどいいじめの加害者たちの状態は、一体感といえるかもしれません。かつて、担任教師を含めたクラスのほぼ全員で、ある生徒の「葬式ごっこ」を行って彼を自殺にまで追い込んだ事件がありました。葬式ごっこの参加者は、誰

もが善悪の区別がわからなくなるほどの一体感の状態にあり、だからこそいじめの歯どめが効かずにエスカレートしていった、と考えられます。

　シュミッツとシェーラーとを手がかりにしてみてきたように、感情は空間的な広がりをもつ雰囲気であり、私たちは、この雰囲気に影響を与えつつ影響を与えられています。同じ場所にいてそうした雰囲気を共有することで、互いに共感し合い、互いの感情を身をもって感じ合うことができるのです[9]。

5-3　いじめ再考

　前節で学んだように、私たちは、場の雰囲気を介して他者の思いを感じ取りつつ、場の雰囲気に強く影響されています。本節では、5-1で簡単に触れた新しいいじめ論とは少し異なる観点から、場や集団の雰囲気にもとづくいじめについて考えていきます。

5-3-1　被害者原因論

　いじめにまつわる言説には、相反するものがあります。たとえば、「いじめは加害者が100％悪い」という論と、「被害者にはいじめられるだけの理由や原因がある」（以下、「被害者原因論」と略）とする論です。どちらの言説にも、さまざまな理由から賛成するひとがいると思います。しかし、「被害者原因論」は、一般的には、道徳的ではないとして認められない場合が多いようです。
　筆者は、いじめ加害者が100％と悪いとは思いませんが、どんな

原因や理由もいじめを正当化することはできない、と考えています。大学の講義でそう話すと、学生からは、「じゃあ、いじめの被害者にどんな理由や原因があっても、私たちがガマンして、被害者をそのまま受け容れなければならないのですか」、といった反論がきます。何らかの立場でいじめを体験したことのあるひとほど、道徳的ではないとわかっていても、「被害者にもそれなりの理由と原因がある」、と実感しているようです。なぜなのでしょうか。

5-3-2　気づかないうちに強要されているいじめ

　前節でみたように、私たちは、無意識的かつ不随意的に、場の雰囲気に影響を与えられながら生きています。教室やグループといった場の雰囲気・空気・ノリにのまれて、いじめに加担することもあるでしょう。そのときには、いじめを正当化する理由を考えたりする前に、口や体が動いているのではないでしょうか。土井の言葉を借りれば、場の雰囲気に支配されているコマの一つとして、ふと気づいたら、いじめをしてしまっているのではないでしょうか。

　被害者への感情も同じです。被害者が何か気にさわるようなふるまいや言動をするかどうかにかかわらず、被害者が自分の視界に入ったり、自分のそばにいるだけで、気づいたらイライラして、ムカついているのではないでしょうか。被害者には特に変わったところがないのに、ターゲットになる場合もあるでしょう。被害者がかもしだしている雰囲気が、なんとなくひとをイライラさせるものである場合もあるでしょう。被害者の身なりが不潔で、視界に入るとイヤな思いをしたり、ただよってくる匂いに苦しめられる場合もあるでしょう。こうしたイライラやムカつきや不快感は、「あの子のああいうところがイヤ」などという思いが意識にのぼる前に、自然

と受動的に生じているのではないでしょうか。

　場や集団を支配している雰囲気によっていじめが生じるときには、私たちは、気づいたら被害者のことをなぜかキライになっていたり、そばにいるだけでイライラしたり、つい意地悪をしてしまいます。雰囲気によって、気づかないうちにいじめを強要されているのです。

5-3-3　後づけされる理由

　場や集団の雰囲気・空気・ノリにのまれると、はっきりした自分の意志が動きだす前に、「なんとなく」いじめに加担することになります。被害者に対して「なんかイライラ」して「なんかキライ」になるのです。のちにいじめが発覚すると、「なぜあの子をいじめたのか？」と問われることになります。そのとき初めて、私たちは自分の思いや体験を意識的に問いなおします。そして、「あの子は性格悪いから」とか、「あの子は不潔でくさいから」とか、「あの子をかばったら今度は自分がターゲットになるから」とか、「受験のストレスを解消したくて」とかいったさまざまな理由を、後づけで考えるのではないでしょうか[10]。

5-3-4　加害者が味わう「理不尽さ」

　場や集団の雰囲気にのまれて、「なんとなく」イライラしていじめに加担している加害者は、雰囲気につき動かされて、いわば無自覚的にいじめをしています。内藤の言葉を借りれば、彼らは「無責任」な状態にあります。つまり、自分の行為に責任を取るべき主体として動いているわけではありません。こうしたあり方をしている彼らは、「いじめたあなたが100％悪い」、といわれてもピンときま

せんし、納得もできません。

　なぜかイライラとさせられる言動や不潔な身なりや匂いといった、被害者がかもしだす不快な雰囲気におびやかされて、なんとなく不快感を覚えていじめをしている加害者もいます。彼らもまた、「いじめたあなたが100％悪い」、といわれても納得できないでしょう。というのも、彼らからしてみれば、常になんとなくイヤな思いをさせられている自分たちこそが、被害者なのですから。上述した「私たちがガマンして、被害者をそのまま受け容れなければならないのですか」という反論からも、加害者側のこうした思いが透けてみえます。

　場や集団の雰囲気を共に生きている子どもたちは、自分の能動的な意志にかかわらず、そうせざるをえないという形でいじめを行っています[11]。そうせざるをえないという形にも、雰囲気にのまれている場合もあれば、被害者のかもしだす不快な雰囲気におびやかされている場合もあります。いずれにせよ、「なんか……」「なんとなく……」というあいまいな思いが加害者を捕らえています。

　本章でここまでみてきたように、いじめは非常に複雑であいまいな営みです。「加害者が100％悪い」という道徳論でも、「被害者にも理由がある」という感情論でも、うまく解きほぐすことはできません。だからこそ、場の雰囲気に自然と強要されて「なんとなく」被害者をキライになって、「なんとなく」いじめてしまうという構造に、きちんと向き合う必要があるのではないでしょうか。（大塚類）

【注】

［1］文部科学省「いじめ問題への取組の徹底について（通知）」（2006年10月19日発表）（http://www.mext.go.jp/a_menu/shotou/seitoshidou/06102402/001.htm）。

［2］文部科学省　平成29年度「児童生徒の問題行動・不登校等生徒指導上の

諸課題に関する調査結果について」(2018年10月25日発表)(http://www.mext.
go.jp/b_menu/houdou/30/10/__icsFiles/afieldfile/2018/10/25/1410392_1.pdf)。

[3] 既読無視がいじめの発端になりうることから、第4章で紹介した土井隆義
(2014) は、既読無視などを発端としてネットいじめの被害にあうのを避け
るために常時接続を止められなくなった子どもたちが、ネット依存に陥って
いることを指摘しています。

[4] 本節の記述は、「学校におけるいじめ問題に関する基本的認識と取組のポ
イント」を参照しています (http://www.mext.go.ja/a_menu/shotou/seitoshidou/
06102402/002.htm)。

[5] 教育社会学者の鈴木翔は、子どもたちが生きている関係としてのスクール
カーストについて、いじめの文脈とは切り離して論じています (鈴木, 2012)。
鈴木によると、中学高校では、スクールカーストはグループ間の地位の差と
認識されており、個人の地位やキャラクター (キャラ) は固定的であり、努
力では変えられないといいます。

[6] 図は森口2007を参考に筆者が作成。

[7] 森口による原図では、恒常的な加害者●は記載されていません。推測にな
りますが、このモデルでは多くの子どもたちが被害者にも加害者にもなるた
め、恒常的な加害者は想定されていないのかもしれません。しかし筆者らは、
カーストの高い子どもたちの中には、場合によって恒常的な加害者になった
り、無関心な中立者になったりするものがいると考えています。

[8] 身をもって感じたこうした違和感をきっかけとして、いじめの加害者・観
客・無関心層から、いじめに加担することをやめたり、いじめの仲裁者にな
るひともいるかもしれません。

[9] 感情としての空気／雰囲気を私たちが共有できることを支えているはたら
き (「浸透的で双方向的な感情移入」と呼びます) については、終章で詳し
くみていきます。

[10]「どんな理由や原因でもいじめを正当化することはできない」と筆者が
考えるのは、このように、それが後づけされた理由だからです。理由を後
づけて、「なんとなく」いじめている自分のあり方に直面しないでいるかぎ
り、いじめをやめることはできないでしょう。そもそも、あるひとを「イヤ
だ」「キライ」と思うことと、それを理由にそのひとを貶めることとの間には、

大きなへだたりがあると、筆者は考えています。

[11] いじめと同じく学級崩壊においても、子どもたちは自分の意志や思いとは
かかわりなく、場の雰囲気に支配され、つき動かされているようにみえます。

【文献】

土井隆義 (2008)『友だち地獄 ── 「空気を読む」世代のサバイバル』筑摩書房

加納寛子（編）(2016)『ネットいじめの構造と対処・予防』金子書房

Lereya, S. T. et al. (2015) Adult mental health consequence peer bullying and maltreatment in childhood: Two cohorts in two countries. *Lancet Psychiatry*, (2), 524-531.

森口朗 (2007)『いじめの構造』新潮社

内藤朝雄 (2009)『いじめの構造 ── なぜ人が怪物になるのか』講談社

シェーラー，M. (1977)『シェーラー著作集8　同情の本質と諸形式』青木茂他（訳），白水社

Schmitz, H. (1974) Das leibliche Befinden und die Gefühle. *Zeitschrift für Philosophische Forschung*, Nr.28.

鈴木翔 (2012)『教室内カースト』光文社

第6章　恋　愛
── 可能性を生きる存在 ──

　恋愛は、個人の成長や成熟を促すものであり、ひとの生き方を考えるうえで無視することのできない人生の大きな経験の一つです。また、時代による恋愛の傾向の変化は、社会の変化を反映する鏡でもあります。ですから、ひとの育ちを考えるうえで、恋愛という問題に取り組むことは、重要なことだといえます。

6-1　恋愛に関する基礎知識

6-1-1　恋愛のタイプ

　そもそも、恋愛感情とは何でしょうか。恋愛は内的な感情であり、ときに言葉では説明できないような気もちでもあり、ひとと比較し確認することはむずかしいものです。誰かが無性に気になったとして、それを「恋愛」感情と呼ぶのかどうか迷ったり、ひとと話していて、恋愛感情の個人差にとまどったりしたことのあるひとも多いかと思います。

　心理学者のリーは、恋愛感情のさまざまなタイプを調査した結果、多くのひとの恋愛感情や恋愛傾向は、大きく6つのタイプに分けられることを突き止めました（表6-1）[1]。

　このことからわかるのは、「好き」という感情もひとによって千

表6-1　リーのラブスタイル理論

ルダス (Ludus)	遊びの愛	愛をゲームと捉え、楽しむことを大切に考える恋愛感覚
アガペー (Agape)	愛他的な愛	相手の幸福・利益を考えて、相手のためなら自分自身を犠牲にすることもいとわない愛
プラグマ (Praguma)	実利的な愛	恋愛を地位の向上など、恋愛以外の目的を達成するための手段と考えるタイプ
エロス (Eros)	美への愛	人の外見（美しさ）に情熱的な反応を起こす恋愛のタイプ
マニア (Mania)	熱狂的な愛	激しい感情を伴う類型。独占欲が強く嫉妬深いタイプ
ストルゲ (Storge)	友情的な愛	長い時間をかけて愛を育んでいくタイプ

差万別だということです。また近年は、恋愛感情をもたないひとが一定数いることもわかってきています。

　こうした恋愛感情の抱き方の違いの背景には、恋愛経験だけでなく、これまでの他者経験や、趣味嗜好、そして脳のタイプといった、さまざまな要因が考えられます。生物学的にも、また経験値としても異なる人間同士が、同じ「好きだ」という言葉で伝え合っても、そこで意味することが違うのは、当然のことです。

6-1-2　恋愛回避傾向

　恋愛の根底にある「性欲」は、種の保存のために、動物としての人間に生理的に備わっている欲求とされています。しかし恋愛感情が意味するのは、性欲だけではありません。相手を愛おしむと同時に憎んだり、叶わないとわかっていても諦められなかったりといった、複雑で非合理でより高次の感情が、ひとの内面には生じます。

また、時代や地域ごとの文化的影響も大きく受けます。

　たとえば、近年の日本。特に若年層を中心に、恋愛回避傾向があることが指摘されています。2016年の調査によると、20代男性の53.3％（30代の38.0％）、20代女性の34.0％（30代の25.7％）に交際経験がない、とされています[2]。また、2017年の調査では、交際経験がない理由について、男性の34.4％が、「どのように男女交際すればよいかよくわからない」、次いで27.6％が「恋愛に全く関心がなかった」と回答しています（女性の1位は「これまで交際したいと思うひとがいなかった」、2位は「どのように男女交際すればよいかよくわからない」）[3]。恋愛に対する経験も関心も少ない男女が多くいることがわかります。晩婚化、非婚化、離婚率の上昇や、結婚に対する価値観の変化は、これらと連動した現象でしょう。

　こうした変化の背景は、さまざまに考えられます。

　一つには、性別役割分業の見直しにより、恋愛では男性がリードしなくてはならない、という考え方が減ってきたことが考えられます。1980年代の恋愛では、男性が女性をリードし、デート代も男性が負担することが一般的でした。他方2000年代以降、男性がデート代の支払いを負担するべきだ、と考える割合は減ってきています。

　若者の人間関係の築き方の変化を指摘する声もあります。若者たちが、葛藤や衝突を回避しその場をやり過ごす「優しい関係」[4]を築くために、葛藤や衝突が不可避的な恋愛関係を築けなくなっている、というのです。また、日本人の若者の自尊感情が低く、恋愛関係に踏み込む自信がない、という指摘もあります。いずれにせよ、「草食系男子」という言葉が示しているように、かつての性別役割分業観の中で、男性こそ恋愛関係においてリードすべき、男性たるもの恋愛に貪欲であるべき、といった価値観は以前よりも薄まってきたといえるでしょう。そして、恋愛に消極的な人々の存在が注目

されるようになってきた、と考えられます。

6-1-3　デートDV

　近年着目されるようになっているのが、交際しているが結婚していない男女間の暴力、「デートDV」です。デートDVには明確な学術的定義はありませんが、NPO法人エンパワメントかながわによれば、殴る蹴るなどの暴力行為や、性的な行為の強制、裸の写真を送るように指示するといった精神的暴力行為だけでなく、他の異性と口を利くことを禁止するといった過度な行動の制限、デート代の負担の強要も、デートDVには含まれます。こうした交際中の暴力は、愛情の裏返しとして受け取られたり、拒否することで交際関係そのものがダメになってしまうのではないか、と恐れられたりしてしまうため、被害者はやめてほしいと伝えにくいのです。

　ある全国調査によると、交際経験がある10代女性の44.5％、男性の27.4％に、上記のようなデートDVの経験がある、といいます[5]。いかなる関係であっても、暴力は犯罪です。恋愛において、パートナー同士がお互いを尊重し合う関係の理解が必要です。

6-1-4　セクシャルマイノリティと恋愛

　恋愛におけるセクシャリティは、「男性」「女性」とに単純に二分されるわけではありません。性別を判断するには、次の四つの観点があります。一つ目は、生物学的な身体的特徴から判断される「体の性」。男性、女性だけでなく、インターセックス（半陰陽）という、男性器と女性器の両方がない、もしくは両方が（不完全な形で）ある、といった身体もあります[6]。二つ目は、「心の性」であり、こ

れは「性自認」とも呼ばれます。自分自身のことを、男性と捉えているか、女性と捉えているか、という自覚される性のことを指します。三つ目が「社会的な性（ジェンダー）」と呼ばれるもので、これは、「男らしさ」「女らしさ」など、周囲からの期待によって社会的に作られていく性のことを指します。四つ目は「性的指向」を指し、恋愛対象となる性が、同性か異性なのかを指します。

　上記の四つの性にずれや違和感のある人々を、「セクシャルマイノリティ」と呼びます。また、セクシャルマイノリティの代表例として、レズビアン、ゲイセクシャル、バイセクシャル、トランスジェンダーの四つを指し「LGBT」と呼ぶこともあります[7]。

　こうしたセクシャルマイノリティ以外にも、さまざまなマイノリティがあります。たとえば恋愛と性別が関係づいていないパンセクシャル、性的な恋愛感情を抱かないアセクシャル、同時に複数の相手と恋愛するポリアモリーなどです。恋愛のこうした多様性は、「恋愛しないのは未成熟」とみなされたり、「複数のひとを愛するなどというのは『浮気性』のいいわけだ」と非難されるなど、否定されがちでした。

　全人口に対するセクシャルマイノリティ層の割合は、さまざまな調査によって、5〜8％程度だと推定されています。しかし、自身がセクシャルマイノリティであることをカミングアウトしているひとはまだまだ少なく、周囲の理解も、いまだ十分とはいえません。それだけでなく社会制度も整っておらず、同性婚など、異性愛者に認められている多くの権利が、いまだ認められていません。セクシャルマイノリティの人々の恋愛を含む社会生活をどう捉えていくのか、今後さらなる議論が必要です。

6-2　不合理な存在としての人間の可能性

　種の保存という法則にのっとるならば、強い遺伝子だけが残されていくわけですが、人間の恋愛行動は、この法則としばしば矛盾します。余計な恋愛感情など抱かず、ただ生殖行為をする方がよほど効率的なのに、胸を痛めたり、悲しんだり、葛藤や衝突を抱えながら「恋愛」します。なぜなのでしょうか。そこには、合理的には生きられない人間の本性のようなものが現われている、といえるでしょう。

　そこで本章では、この問題を捉えるために、哲学における「可能性」という考え方と、「これ性」という考え方を学んでみたいと思います。

6-2-1　現象学における「願い」と「可能性」

　多くの場合私たちは恋愛において、生殖を目的とするのとは別の次元で、相手ともっと一緒にいたい、相手から性的な存在として愛されたい、かけがえのない存在として大事にされたい、と強く願います。というよりも、そのように願うことこそが、恋愛感情だといってよいでしょう。ここで注目したいのは、恋愛においては、自分がこうなりたいという未来の姿がはっきりしている、という点です。

　「こうなりたい」という願いは、「まだそうなっていない」という現実を反映しています。たとえば水を飲みたいという願いは、「喉が渇いている、この渇きはまだ満たされていない」という実現して

いない現実の反映です。私たちの生活のありとあらゆる点で、現実はいつもまだ何かが実現していない状態であり、何かをするということは、それを実現するための行為だといえます。

　恋愛にかぎらず、まだ実現していない何かを実現しようとして生きているという意味で、人間は「可能性を生きる」存在だ、ということができます（ハイデガー，2003; サルトル，1999 参照）。これは現象学という哲学に独特の言い回しで、ここでいう可能性は、「これから実現しうるありとあらゆる行為の選択肢」を指しています[8]。

　可能性という観点からみてみると、あらゆる行為を実現しうるはずの人間はとても自由なはずです。水を飲むのも飲まないのも、自分の願いを満たすのも満たさないのも、私たちは自由に選択できるはずなのです。

6-2-2　意識されない可能性と意識される可能性

　しかし私たちは多くの場合、自分が自由に可能性を生きている、ということを普段は意識していません。朝起きるのは、顔を洗い、朝食をとり、準備して、学校や職場に行くためです。そしてそこで、学んだり働いたりするためです。そしてさらにはそれは、自分がよりよく生きるためです。ところが私たちは、朝起きる際に、「これは自分がよりよく生きるという可能性を実現するための第一歩だ」と思いません。それどころか、起きるのは、「学校に行って学ぶためだ」といったことさえ考えもしません。せいぜい、「顔を洗わなくては」といったことを思い浮かべる程度でしょう。これは、可能性というものが通常は私たちに覆い隠されていて、私たちは用意された行為をただ自動的に実現すればよいように、世の中ができあがっているからです。

けれども、たとえば進路を選ぶとき。たとえば友人グループ内で起きたいじめと向き合うとき。人生の大切な岐路に立つとき私たちは、自分にはどんな可能性があるのか、どちらを選ぶとどうなるのかをまざまざと意識せざるをえなくなります。自分の人生は可能性の選択次第で決まる、自由なものだ、ということがありありと迫ってきて、ときにそれが苦しくさえなります。恋愛はまさにそのように、自分がこれからどうなりたいのか、どうなりうるのかといった可能性が、私たちに強く迫ってくる経験です。

ところが、可能性を選択できるはずの私たちはときに、第三者からみれば実現可能性の低い可能性を信じ切ったり、前節で述べたように暴力をふるうパートナーと交際を続けたりといった、不合理な行動を取ってしまいます。なぜなのでしょうか。

6-2-3　これ性 [9]

このことを考えるために、ここでもう一つの考え方、「これ性（haecceity）」（永井, 2016, p.261）を考えてみましょう。これ性というのは、存在の唯一無二性のことであり、その唯一無二性に対する信奉のことでもあります。

先に述べたように、私たちは本来、さまざまな可能性を選択しえます。しかし、たとえばものを買うときに世界中のすべての商品の中から選ぶ、ということはできません。そんなことをしていたら、商品を見終える前に人生が終わってしまいます。私たちは、判断に必要な材料がそろっていなくても、「これが気に入った」「これしかない」という思い込みを抱くことができます。この思い込みが「これ性」です。これ性は、自由すぎて可能性の選択をできない人間に、選択をうながす生産的な「誤認」だといえるかもしれません。

買い替えの効く商品の購入とは違い、恋愛においては、「これ性」の威力はとても大きなものになります。このひとが好きだ、という決断は、根拠のない「このひとしかいない」というこれ性に支えられて、選択が間違っていようがいまいが、可能性に踏みだしていくことを必要としています。同じ型番の商品や類似品が存在する物の世界とは異なり、人間は、個々それぞれのまったく異なる存在なのだという信念ゆえに、私たちは、相手を「他の誰でもダメなのだ、このひとしかいないのだ」と信じ、恋に落ちるのです。

6-3　恋愛問題の再考

　可能性を生きるという人間の本質的なあり方は、これ性を感じることによって多様な彩りを帯びます[10]。その彩りの一つ、恋愛におけるさまざまな不合理な可能性の選択と実現とをみていきましょう。

6-3-1　他者による可能性の実現

　恋をすると、会いたい、話したいといった思いを抱くだけでなく、そのひとにとって特別な存在になりたい、そのひとの隣にいるのはいつも自分でありたい、というように、相手を独占する可能性を切実に生きるようになります。このような可能性は、「食事をする」といった自分一人で実現できる可能性とは異なり、その相手が「自分を特別な存在にする」という相手自身の可能性を生きてくれなくては、実現できないものです。実現できるかどうかが、相手の可能性に左右されてしまうのです。

あたりまえのことですが、私たちは他者と共に生きているため、どのような場面であっても、自分の可能性が実現できるかどうかは他者の影響を受けます。物を買うという可能性だって、原材料を生産したり、商品を加工したり届けたりといった、多くの他者たちの可能性の実現によって成立しています。ただし恋愛と大きく異なることは、これらの可能性は、私ではない他の誰かに対しても向けられているということです。

　他方、多くの場合恋愛では、私の可能性を共に実現してくれる他者（恋人）は、私の恋愛の可能性だけを実現してくれます。恋愛は排他的な関係を原則としており、自分を選ぶということはそれ以外の他者との恋愛可能性を捨てるということを意味します。

　このことは、相手から愛されるということの重みにもなっています。相手もまた、私に対して、これ性としての恋愛感情を向けてくれています。相手が自分を選んでくれたということは、根拠もないままに他の誰でもない私を選んでくれた、ということです。私たちの経験において、これほどの絶対的な承認は、なかなかあるものではありません。人間が生殖としての恋愛をするだけでなく、精神的な恋愛をするのは、他者から求められ、大切にされ、愛されるという存在の承認が、恋愛においては明確に感じられるからでしょう。

6-3-2　特別な物語を生きる不合理さ

　失恋は、可能性が他者によって左右されることの最もシビアな経験の一つでしょう。ときに私たちは、失恋の未練をひきずります。

　恋の未練は、不合理な選択です。相手がこの可能性を実現してくれない以上、終わった恋をひきずることに、生産性はありません。しかしそれでも、一緒にいた時間を思いだし涙してしまうのは、頭

では「もうダメだ」とわかっているとしてもどこかで、そのひとと恋人関係を継続していく、という可能性をいまだに生きているからです[11]。

　このようにいつまでも恋が終えられないのも、相手には「これ性」が備わっている、と私が信じているからです。私のこの恋はそのひとによってしか実現してもらえないということを、いくつもの恋を重ねながらもなぜか多くのひとは信じてしまいます。くりかえしますが、恋愛は、他の似たような誰かによっては代替不可能な唯一無二の経験なのです。

　いや、唯一無二であってほしいと望んでいる、といった方がよいかもしれません。なぜなら、先にも述べたように、相手に対する「これ性」は、同時に、かけがえのない他者として自分を選んでくれたという相手からの「これ性」の証でもあり、そのことによって、私自身が特別な存在なのだ、ということを実感させてくれるからです。私たちは成長の過程で、自分が多くの他者からみれば取るに足らないちっぽけな存在だと学んでおり、だからこそ、自分が主人公になるような特別な物語を欲せざるをえない存在だ、といえます[12]。

　デートDVの問題も、ここに潜んでいます。暴力をふるうようなパートナーに対して、「このひとを支えるのは他でもない自分」だという、新しい可能性を私たちは生きることができ（てしまい）ます。まわりからはやめた方がよいといくらいわれても「私ならこのひとを変えられる」という思いに走ってしまいます[13]。これほど不合理な選択も、同時に、私の唯一無二性、自分という存在の特別さを保証してくれるものとなるのです[14]。

　「これ性」は、誤認であり、幻想です。恋が終われば、新しい恋が始まります。暴力をふるう相手から自分が離れたところで、相手

は、自分以外の新しいターゲットをみつけるだけです。にもかかわらず、これ性を信じてしまうのは、私たちが、他でもない自分自身が生きている意味を見出す、という可能性を生きたいと切に願っているからです。

6-3-3 恋によって強引に開かれる可能性

ここまで、恋愛という他者経験からあらわになる、私たちのあり方をさぐってきました。このひとしかいない、代替不可能な存在だという思い込み（これ性）ゆえに、日ごろは覆い隠されている「可能性を生きる」という人間の姿がみえてきます。あらゆる可能性を自由に選択できるはずの私たちは、しかし、自分は誰か他者にとっても特別な存在なのだと思いたいし、その可能性の実現のために、不合理な可能性を実現していくことさえあります。

しかし、この強い思い込みに支えられているがゆえに、恋愛によって新たな自分の可能性が、強引に引きずりだされてくる、ということもあります。たとえば、おしゃれに無頓着だったひとが、服装や美容に興味をもつようになる。好きなひとの趣味に惹かれて、読む可能性などみじんもなかった本やマンガを読んだり、映画をみたりしてみる。こうして私たちの可能性は、他者を通して、それまでの人生においてはありえなかった広がりをみせていく道を秘めています。

こんなエピソードがあります。それまで自分は他人に興味などもっていなかったし、だから誰も自分のことを好きじゃないこともまったく苦ではなかった。そんな「強い」ひとが、まさかの恋に落ちたとき、それまで一度も自覚されたことのなかった「愛されたい」という願いが湧きでてきました。恋は他者の可能性に左右され

るので、その恋は、実らないかもしれません。悲しみの方が多い恋になるかもしれません。でも、誰を愛することも愛されたいと願うことも可能性として生きることのなかった人生と、愛し愛されたいと願う人生と、いったいどちらが、他者に開かれたあり方でしょうか。隠れた愛のニーズさえときにあらわにする。恋はそんな、美しくも怖い、人生の隘路だ、といえます。

（遠藤野ゆり）

【注】

[1] http://www.shinritest.com/love_type01.htm。本サイトから自分の恋愛タイプをチェックすることができます。

[2] 明治安田生命（2016）「第9回 結婚・出産に関する調査」（http://www.myilw.co.jp/research/report/2016_01.php）。

[3] 明治安田生命（2017）「男女交際・結婚に関する意識調査」（https://www.myilw.co.jp/research/report/pdf/myilw_report_2017_01.pdf）。

[4] 第5章で詳しく取り上げています。

[5] NPO法人エンパワメントかながわ（2016）「全国デートDV実態調査」より（https://npo-ek.org/etc/3379/）。

[6] インターセックスについては新井祥『性別が、ない！』（ぶんか社）や六花チヨ『IS —— 男でも女でもない性』（講談社）などのマンガに詳しく載っています。

[7] さらに、性別がはっきりしない、はっきりしたくないひとを「Questioning」と呼び、こうしたひとも含めてLGBTQと表記することもあります。

[8] 可能性は、優勝する可能性は50％というような「蓋然性」の意味で用いられることがありますが、ここではこの意味ではありません。

[9] 本節の内容は、NHKで2015年5月21日に放送された「哲子の部屋」を参考にしています。

[10] ただし「可能性」と「これ性」は、哲学の論議としては次元のまったく異なる概念です。

[11] 可能性とは、客観的に割りだされた未来の確率ではなく、ひとが今何に向かって生きているかという現在の方向なのです。

[12] 可能性について考えるとき、私たちは自分が「どんな可能性」を生きるかという可能性の内容を気にします。しかし、恋愛の「これ性」においては、その可能性を「誰が」生きるのか、というように、可能性の主体が問題になってきます。これもまた、人間が可能性を実現していくうえでの本質的な観点ですが、哲学の議論は別の機会に譲ることとしましょう。

[13] このような状態を、「トラウマティック・ボンディング」（トラウマ的な状態のつながり）と言います。たとえば、暴力にさらされるというパニック状態の中で、暴力的な事態をおさめてくれるのもこの相手である以上、このひとは自分にとって必要なひとだ、といった認知のゆがみが、この原因になると考えられています。DV被害者が、私ならこのひとを変えられると感じるのは、パニックの中で、そう思わずには耐えられない、という側面もあるでしょう。

[14] デートDVやDVにおいてやっかいなのは、暴力をふるう相手もまた「こんな自分を支えてくれるのはこのひとしかいない」という強烈なこれ性でもって、特別な物語の主人公へと自分たちをつくりあげていくことです。それゆえこれらの問題は常に、互いに特別な存在として支え合おうとする共依存へと陥りやすいのです。

【文献】

ハイデガー, M. (2003)『存在と時間』原佑・渡邊二郎（訳）, 中央公論新社
永井均 (2016)『存在と時間　哲学探究1』文藝春秋

第7章 傾 聴
―― 自他の声を聴く ――

　生きている間にうつ病を経験するひと（生涯有病率）は約15人に1人というデータがあるように[1]、私たちは、精神疾患が身近な時代を生きています。子どもや若者も例外ではありません。心と身体の悩みや病いを抱えている他者や自分自身とどう向き合えばいいのか、本章では、「傾聴」という観点から考えていきます。

7-1　子ども・若者をめぐる現状と対策

7-1-1　自　殺

　厚生労働省が発表している平成29（2017）年の年代別死因順位をみてみると、10～14歳の死因2位と、15～19歳、20～24歳、25～29歳、30～34歳、35～39歳の死因1位を自殺が占めています。死亡率でみてみると、10～14歳での自殺の死亡率が1.8%なのに対して、15～19歳では7.8%、20～39歳では約18%と高くなっています。2012年に発表されたデータでは、大学生の死因の51.6%が自殺であることが示されています[2]。諸外国と比べても、日本の若年層（0～30歳）の自殺死亡率の高いこと（ロシア、韓国に次いで3位）が危惧されています。

　「原因・動機別自殺者数」をみてみると、19歳までの原因・動機の1位は学校問題、2位は健康問題（そのほとんどが、うつ・統合失

調症といった精神疾患）、3位は家庭問題となっています。20〜29歳になると、1位が健康問題（同じくほとんどが精神疾患）、2位が勤務問題、3位が経済・生活問題に変わります [3]。

7-1-2　精神疾患

次に、子ども・若者の自殺の大きな原因・動機の一つとなっている精神疾患、その中でも特に身近な、うつ病と社交不安障害についてみていきましょう。

① うつ病

上述したように、約15人に1人がかかるとされる精神疾患で、「心の風邪」と称されることもあります。憂うつ・気分が落ち込むといった「抑うつ気分」が強い状態を「抑うつ状態」と呼びます。この抑うつ状態がある程度以上重症である場合に「うつ病」と診断されることになります。自分で感じる症状としては、上述の抑うつ気分に加えて、集中力がない、細かいことが気になる、死にたくなる、眠れない、といった状態です。周囲からみてわかる症状は、表情が暗い、涙もろい、反応が遅い、落ちつかない、飲酒量が増える、といった状態です。身体症状としては、食欲がない、疲れやすい、動悸、めまいなどがあります [4]。

② 社交不安障害（SAD：Social Anxiety Disorder）

約7人に1人がかかるとされ、発症年齢が若い（平均13歳）ために、本人の性格と混同され未治療である場合が多いといわれています。赤面恐怖症（他者と対面すると緊張して顔が赤くなる）、対人恐怖症（他者の視線や評価が気になって不安や恐怖を感じる）、書痙（人前

で字を書くときに緊張して手が震える）、場面恐怖症（人前でうまく発言できない）といった症状があります。こうした症状を体験してしまうと、「また同じような目にあうのではないか」という「予期不安」にさいなまれるようになります。予期不安が高じると、電車に乗る、人前で発表するといった、かつて症状が現われたときと似たような状況に身を置くことができなくなり、行動が制限されるようになります [5]。

7-1-3　教育相談

第9章で取り上げる発達障害においても、周囲から否定される経験が蓄積した結果、うつ病や不安障害といった精神疾患が引き起こされることが知られています。自殺の原因としてうつ病と並んで統計が取られている統合失調症 [6] も、学齢期に発症しやすい精神疾患です。精神疾患の初期症状として、不登校を伴っているケースがあることも指摘されています（山登，2014参照）。こうした子ども・若者の心身の悩みや病いに対する、教育現場での取り組みをみていきましょう。

① 小・中・高等学校での取り組み
教育機関において子どもの問題に取り組む専門家として期待されているのが、スクールカウンセラー（以下 SC と略）です [7]。SC は、上述した発達障害、不登校、いじめ、精神疾患、性自認、貧困など、児童・生徒に関係するあらゆる問題に対応します。困難を抱える児童・生徒に対するカウンセリングだけではなく、保護者・教職員に対する助言や研修、児童・生徒に対するストレスチェックといった予防的対応も仕事の一環です。

文部科学省は、2019年度内にSCを全公立小学校2万7500校に配置することをめざしています。2018年度時点では、2万6700校への配置が終了しています。貧困対策のための配置の拡充や、特に生徒指導上で大きな問題を抱えている公立中学校に対しては、SCによる週5日の相談体制（当面全国200校）を整えることなども同時に進められています[8]。公立の高等学校に対しても、SCの配置が徐々に進んでいます。

　②短期大学・大学での取り組み

　短期大学・大学では、保健管理センター、保健室、それ以外の学生相談組織で学生相談に対応しています。約9割の大学にカウンセラーが配置されています。日本学生支援機構による2015年の調査[9]では、2005年から2015年までの10年間で、相談件数が増加の一途をたどっていることが示されています。増加の多い学生相談の内容は、対人関係（家族、友人、知人、）79.3％、精神障害（神経症・ノイローゼ、躁うつ病、統合失調症など）54.5％、心理・性格（アイデンティティ、セルフコントロールなど）42.8％となっています。

　こうした学生相談に加えて、「障害者の権利に関する条約」（2014年批准）、「障害を理由とする差別の解消の推進に関する法律」（2016年施行）にもとづき、国公立の大学などでは、障害者への差別的取扱いの禁止と合理的配慮の不提供の禁止が法的義務となりました。そのため近年、各大学に、障害学生支援に特化した組織が設立されています。

7-2 「傾聴」とはどういう営みか

　子ども・若者にとって、精神疾患をはじめとする悩みや病いが身近だからこそ、相談できるひとや場所が重要になります。次章で詳述するように、自分で自分を語ることは、自分で自分を構成しなおすことであり、自分で自分を経験することでもあります（野口, 2005 参照）。当然のことながら、自分を語るためには、聴いてくれる誰かの存在が必要不可欠です。しかし、カウンセラーである諸富祥彦が警鐘を鳴らすように、「ただ聴くだけ、というけれど、その、ただひたすら聴く、ということがどれだけたいへんなことか、簡単ではないことか、わかっている」（諸富, 2010, p.77）人は少ないでしょう。そこで本節では、聴くことのプロであるカウンセラーの言葉を手がかりに、自分で自分を見出し形作るプロセスを支える「傾聴」について考えていきます。

7-2-1　カウンセリングの役割

　カール・ロジャーズは、患者自身が自分自身を深くみつめなおし、みずから成長していくことをめざす「クライエント中心療法」を提唱しました。この療法におけるカウンセリングの意味について、彼は次のように述べています。

　　このアプローチは、もしもカウンセラーが問題解決の手助けをするならば、これこれの結果が生じるだろうと期待するよりもむしろ、人間がより大きな自立と統合へ向かう方向を直接的にめざすもので

ある。その焦点は、問題にではなく、人にある。その目的は、ある特定の問題を解決することではなく、個人が現在の問題のみならず将来の問題に対してもより統合された仕方で対処できるように、その個人が成長するのを援助することである。もしもその人が、より自立し、より責任を持ち、より混乱せずに、そしてより全体的に、ある問題に対処できる統合性を獲得するならば、その人は新たな問題にも同様に対処できるであろう。(ロジャーズ, 2005a, p.32)

　次のことが重要です。私たちは通常、「ある特定の問題」に悩んでカウンセリングを受けているクライエントは、その問題が解決すれば一件落着だろう、と考えます。しかし、ロジャーズは、その問題を解決するという近視眼的なアプローチを取りません。そうではなく、クライエントが人間として成長することによって、今後直面するだろうどのような問題にも対処できるようにする、という未来を見越したアプローチを取っているのです。

7-2-2 「耳」の回復

　臨床心理士の増井武士は、面接で患者の言葉を聴くことについて、患者自身の自己理解という観点から述べています。

　　患者の言葉を聞くということは、患者のいいなりになるということではなく、その言葉をきっかけにして、患者の心をできるだけ正確に理解するために、まずその言葉を聞く必要があるのである。……それではなぜ患者の心は、できるだけ正確に理解される方が好ましいか。その大きな理由の一つとして、治療者の正確な患者への理解は患者自身の自己理解に通じ、患者自身が混乱していた心

を僅かずつ「整理」できることにも通じることがあげられる。（増井，2007, p.35）

　続いて増井は、次のようにも述べています。

　　　面接の場で患者が自らの漠とした心について語る言葉から、治療者が患者のその漠とした心について聞く耳を通じて、患者が自らの漠とした心に問い合わせることができる「耳」が徐々に回復してくる……患者が自らの言葉を通じて自分の心を聞けるようになるためには、いっときの間、治療者が患者の言葉を通じてより正確にその心が聞ける治療者の耳が、とりあえず必要であるということもできる。（同書，p.37）

　「混乱していた心」「漠とした心」と表現されているように、悩み苦しんでいるひとは、自分自身について混乱している状況にあります。悩ましい問題にとらわれていたり、怒り・哀しみ・無力感といった感情に振り回されたりして、自分が今なぜこんな苦しい状態・状況にあるのかが、どうしたらこの状態から抜け出せるのかが、わからなくなっています。そのことを増井は、自分の声を聴く「耳」がダメージを受けている、というメタファーで語っています。
　こうした状況にある患者に対して、治療者は、彼らの言葉を聴くことを介して、彼らをできるだけ理解しようとします。というのは、治療者が患者を正確に理解することが、患者自身の自己理解につながるからです。増井はそのプロセスを、上述の耳のメタファーに託して、治療者の「聞く耳」を通じて、患者が自分の言葉を通して自分の心を聞けるようになる「『耳』が徐々に回復してくる」、と語っています。

私たちは通常、「傾聴」とは、聴き手が語り手の思いや言葉に耳を傾けることで語り手を理解し、進むべき道へと導くことだと考えています。しかし、「傾聴」という言葉自体は使われていませんが、増井が述べる傾聴の本質は、患者本人が、自分自身の感情や思いへと耳を傾け、ありのままの自分を受け容れることにあります。聴き手から語り手への傾聴ではなく、語り手による「自分自身への傾聴」なのです。したがって、傾聴が本来めざしているのは、治療者（聴き手）が患者（語り手）を進むべき道へと導くことではなく、患者自身が自分で自分の道を見出す歩みに治療者が伴走し、見出せるようになるまで共に待ち続けることだともいえるでしょう。

7-3　傾聴のむずかしさと可能性

　「自分自身への傾聴」という観点は、一般的に広まっている「傾聴」の概念には含まれていないので、7-2 では強調して語ってきました。他方、本節では、こうした「自分自身への傾聴」を導きだす「相手への傾聴」に立ちかえり、傾聴のむずかしさと可能性について考えていきます。

7-3-1　傾聴は誰にでもできる？

　相手（クライエント・子ども・おとな）による「自分自身への傾聴」を導きだす傾聴に必要な専門性とは、どのようなものでしょうか。たとえば、「患者の言葉を通じてより正確にその心が聞ける治療者の耳」（傍点引用者）という増井の表現からは、傾聴にはかなりの専門性や熟練のわざが必要なことがうかがえます。上述したロ

ジャーズも、クライエントの「自分自身への傾聴」や、クライエントがあるがままの自分自身を受け容れるようになっていくことは、まずクライエントがカウンセラーの態度を反映させることから生じる、と述べています（ロジャーズ，2005b 参照）。とすると、カウンセラーのあり方によっては、クライエントがそれを反映させなかったり、反映した結果、自分への傾聴や自己受容がうまくいかなかったりする場合もある、と考えられます。

　今日、教育や福祉の現場では、カウンセラーといった専門家でなくても、子どもや保護者の思いを「傾聴」する必要が指摘されています。それだけではなく、日常生活において私たちは、家族、友人、同僚などから相談を受けたり、自分が彼らに相談したりすることもしばしばあります。しかし、相手が自分自身へと傾聴することを導きだす「傾聴」は、誰にでもできる簡単な営みではないことを、私たちは肝に銘じておく必要があるでしょう。

7-3-2　カウンセラーの苦悩

　7-2-2では、増井の言葉を手がかりとして、傾聴とは、治療者（聴き手）が患者（語り手）を進むべき道へと導くことではなく、患者自身が自分で自分の道を見出す歩みに伴走し、見出せるようになるまで共に待ち続けることだ、と考えました。このことに関連して、スクールカウンセラーや産業カウンセラーとして活動している大石英史は、専門家であるがゆえの苦悩を語っています。

　不登校になった小学生の娘をもつ母親への支援に際して、大石は、「しっくりこない感覚」を覚えます。大石は、娘が学校に行けないことに向き合えず、カウンセラーからの指示を受け身的に待っているだけの母親を叱咤激励したい気もちをもっています。しかしその

反面、つらい状況にある母親を傷つけたくなくて「母親の思いを先取りして」動き、母親の依存を自分が強めていることもわかっています。「しっくりこない感覚」は、自分の中のこうした矛盾にある、と大石は省察し、次のように述べています。

> 母親の思いを先取りして動く自分のことが気になったのだ。カウンセラーに先取り的に動いてもらえる関係は、クライエントの自立を妨げる可能性がある。自分から言わなくても気もちを察して動いてくれるカウンセラーとの関係性は、クライエントにとってある意味心地よい。しかし、カウンセラーはいつも自分の気もちを的確に察してくれるとは限らない。その場合、クライエントに不満が生じる。それを言葉にすればそこから自立の動きが始まりうるが、言葉にせずにいると、カウンセラーはいつか察して動いてくれるはずだとの思いこみがクライエントを依存的なままにする。そして、カウンセラーの方はクライエントの無言の期待を読みとって動くことにエネルギーを費やすことになる。（大石，2014, p.106）

ここでも、カウンセラー（大石）が最終的にめざすのは、クライエント（母親）が、娘の不登校という事実や、それに伴う自分自身や娘の感情や思いに向き合って自立すること、つまり、自分自身への傾聴を介して自分で自分を受け容れ、自分で自分の道を見出すことだといえます。母親が、自分で自分を受け容れられるようになれば、娘とのかかわりに対する答えも、おのずとみつかるはずだからです。にもかかわらず、大石は苦悩します。大石の苦悩は、母親の自立を望む一方で、先取り的に動くことで自分が母親の依存を強めてしまっている、という矛盾にあります。なぜこうした矛盾を抱えることになるのでしょうか。

本章でここまでみてきたように、カウンセラーの役割とは、クライエント自身を正確に理解することです。鏡のようにクライエントのありのままの姿を映しだしたり（ロジャーズ，2005b 参照）、増井がいうようにクライエントが自分の言葉を聴けるようになる耳になったりすることです。クライエントの「あるべき正しい姿」や「向かうべき方向」がみえていたとしても、手を取ってそこへと教え導くのではなく、クライエントみずからが発見できるまで、カウンセラーは辛抱強く待ち続ける必要があります。

　他方、クライエントを叱咤激励したくなったり、クライエントの思いを先取りしたりすることは、カウンセラーが主導権をにぎって、「あるべき正しい姿」や「向かうべき方向」へと、クライエントを教え導こうとすることです。母親を「あるべき正しい姿」へと教え導きたいという思いと、母親が自分自身で発見することが自立なのだという思い、二つの相反する思いを自分が抱いていること。この矛盾に自覚的であるからこそ、大石は悩み、自問自答を続けます。自問自答を続ける中で、大石は、本項で引用した論考を、次の言葉で終えています。「『母親の課題』として捉えていることについて、もう一度、私が自分自身と向き合う必要があると考えている」（大石，2014, p.108）、と。

　大石のこの言葉からは、「傾聴」の本質が、相手への傾聴を行う専門家の場合でも、自分自身への傾聴へと向かうクライエントの場合でも、自分の内なる感情や思いに耳を傾け、自己を受容するという形での自己理解にあることがわかります。カウンセラーが、クライエントへの傾聴を介して、自分自身の内なる声に耳を傾け、自己理解を深め続けること。このことが、傾聴に必要な専門性を育むすべだといえます。

7-3-3 傾聴を介して自他と向き合う

　「傾聴」の本質は、語り手自身が自分自身へと傾聴できるように
なり、あるがままの自分を受容することにあります。そうした「傾
聴」を支えているのが、みずから自分自身へと傾聴し、自己理解を
深め続けている聴き手の専門性なのです。こうした専門性は、カウ
ンセラーだけが獲得でき、必要とするわけではありません。そうで
はなく、日常生活において、教師や、親や、友人や、同僚として誰
かの相談に乗るときにも、必要となるはずです。そうでないと、相
手の話をただ聴くだけになってしまったり、相手に自分の意見や価
値観を押しつけてしまうことにもなりかねません。大石が苦悩して
いたように、傾聴という営みに真摯に向き合えば、他者のことを思
うがゆえに他者に支配的になってしまいがちになる自分、自分の世
界のみえ方や価値観の狭さ、自分が思う解決と相手が望んでいたり
相手にふさわしかったりする解決がずれていること、などに気づけ
るかもしれません。
　カウンセリング・傾聴というと、相手の言葉を聴いて相手を理解
することだと考えがちです。しかし実際には、傾聴においては、語
り手と聴き手が、互いに自分自身の内なる言葉に耳を傾け自分自身
を理解する、そういう関係が成立しています。つまり、語り手も聴
き手も、傾聴という営みを介して、他者にと同時に自分自身にも向
き合っています。傾聴は、他者理解と同時に自己理解が深まる営み
だといえます。そうした自己理解の中には、悩み苦しみ迷った経路
も含めて、自分自身の道として語り手が受け容れていくことや、そ
うした語り手の道探しの伴走を介して、聴き手が自分自身を問いな
おし続ける歩みが含まれていることでしょう。

（大塚類）

【注】

[1] 厚生労働省（https://www.mhlw.go.jp/shingi/2004/01/s0126-5b2.html）。

[2] 教育情報サイトリセマム「大学生の死亡原因トップは『自殺』52％　大学生協調べ」（2012年12月13日配信）（https://resemom.jp/article/2012/12/13/11298.html）。

[3] 厚生労働省「年齢階級別、原因・動機別自殺者数①」（https://www.mhlw.go.jp/content/H30kakutei-f01.pdf）。

[4] 厚生労働省「うつ病」（https://www.mhlw.go.jp/kokoro/speciality/detail_depressive.html）。

[5] 厚生労働省「不安障害」（https://www.mhlw.go.jp/kokoro/youth/stress/know/know_02.html）。

[6] 統合失調症は、約100人に1人がかかるとされる精神疾患です。幻聴や妄想を特徴としており、適切な会話や感情表現や整理整頓ができないといった「生活の障害」や、自分が病気であることが認識できない「病識の障害」を伴っています。

[7] 同じく子どもの問題に取り組む専門家として各学校への配置が進められているのが、スクールソーシャルワーカー（SSW）です。社会福祉に関する専門的な知識や技術を有しているのが特徴で、問題を抱えた子どもの家族といった周囲の環境へのはたらきかけや、関係諸機関とのネットワークの構築など、社会福祉的なアプローチでの支援が期待されています。2017年4月1日に施行された「学校教育法施行規則の一部改正」によりSCとSSWの職務内容が規定されました。

[8] 教育新聞2018年8月30日（https://www.kyobun.co.jp/news/20180830_02-2/）。

[9] 日本学生支援機構「学生支援の取り組み状況に関する調査」（https://www.jasso.go.jp/about/statistics/torikumi_chosa/__icsFiles/afieldfile/2015/10/09/soudan.pdf）。

【文献】

福田真也 (2017)『新版大学生のこころのケア・ガイドブック —— 精神科と学生相談からの17章』金剛出版

増井武士 (2007)『治療的面接への探求（1）』人文書院

諸富祥彦 (2010)『はじめてのカウンセリング入門 —— ほんものの傾聴を学ぶ』誠信書房

野口裕二 (2005)『ナラティヴの臨床社会学』勁草書房

大石英史 (2014)「心理臨床場面から描かれる生きづらさ」大塚類・遠藤野ゆり（編）『エピソード教育臨床 —— 生きづらさを描く質的研究』創元社

ロジャーズ, C. R. (2005a)『カウンセリングと心理療法 —— 実践のための新しい概念』末武康弘他（訳）, 岩崎学術出版社

ロジャーズ, C. R. (2005b)『ロジャーズが語る自己実現の道』諸富祥彦他（訳）, 岩崎学術出版社

山登敬之 (2014)『子どものミカタ —— 不登校・うつ・発達障害 思春期以上、病気未満とのつきあい方』日本評論社

第Ⅲ部
自己との向き合い

第Ⅰ部では家族のあり方、第Ⅱ部では他者とのかかわりをみてきました。その中で考えてきたように、他者とかかわり、他者を理解することは、実は、あるがままの自分自身を理解することと、密接につながっています。第Ⅲ部では、「自分」というこの不思議な存在について考えていきます。

第8章　不登校
── 物語が自己をつくる ──

　苦境に立たされると、ひとは、なぜ自分がそのような目にあわなくてはならないのか、自問を始めます。こうした自分自身への問いかけと、その応答を通して、自分とは何かという深遠な問いに向かっていくのです。本章では、不登校の状況に陥った当事者たちが自分の人生をどう語っていくのかという観点から、自分とは何か、自己理解とは何かについて考えていきます。

8-1　不登校問題の基礎知識

8-1-1　不登校の定義と該当者数の推移

　不登校は、長い間、重要な教育問題になっています。図8-1を参照すると、平成13（2001）年をピークに、不登校の児童生徒数は若干の減少傾向にあります。が、これは主に少子化が原因で、不登校児童・生徒の割合をみると、2001年以降も、依然として高い水準にとどまっていることがわかります。

　文部科学省は、不登校を「何らかの心理的、情緒的、身体的あるいは社会的要因・背景により、登校しない、あるいはしたくともできない状況にあるため年間30日以上欠席した者のうち、病気や経済的な理由による者を除いたもの」と定義づけています。ですから、上のグラフの数字には、年間29日の欠席者や、心理的な要因があ

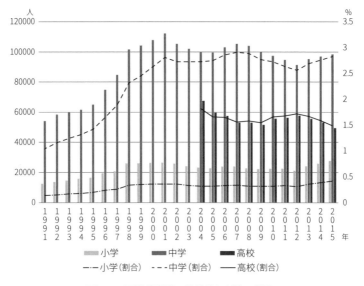

人 / %

120000 — 3.5

100000 — 3

80000 — 2.5

60000 — 2

40000 — 1.5

20000 — 1

0.5

0 — 0

1991 1992 1993 1994 1995 1996 1997 1998 1999 2000 2001 2002 2003 2004 2005 2006 2007 2008 2009 2010 2011 2012 2013 2014 2015 年

■ 小学　■ 中学　■ 高校
ー・ー 小学（割合）　- - - 中学（割合）　ーー 高校（割合）

図8-1　不登校児童・生徒数と割合の推移

るとしても病院で何らかの病気と診断されたケースは含めません。
つまり、統計上はカウントされていないけれども実質的に不登校状
況にある子どもの数はもっと多い、と考えられます。

8-1-2　不登校に関する法律的な問題

　日本の義務教育は、日本国憲法第26条で、次のように規定され
ています。

　　① すべて国民は、法律の定めるところにより、その能力に応じて、
　ひとしく教育を受ける権利を有する。② すべて国民は、法律の定め
　るところにより、その保護する子女に普通教育を受けさせる義務を

負ふ。義務教育は、これを無償とする。

　憲法で定められているように、子どもたちは教育を受ける権利を
もっており、保護者は子どもに教育を受けさせる義務を負っています。つまり、義務教育の期間であっても、子どもが学校に行きたくないから欠席したといって、罰せられるわけではありません[1]。
　では、義務教育以降の「高校生の不登校」はどのように考えられているでしょうか。
　高校でも不登校の定義は同じで、1.5 〜 1.8％ぐらいの高校生が不登校です。ですが高校では、義務教育とは異なり、登校しているかどうかにかかわらず、一定の単位数を取得しなければ留年することになります。そのため、不登校の問題は顕在化しにくく、留年を機に退学、転校や編入などの措置を講じるケースが多いのです。

8-1-3　不登校をどう捉えるか

　1980 年代に不登校（当時は「登校拒否」[2]）が知られるようになったとき、これは、一部の珍しい現象と捉えられていました。不登校というのは、子育ての失敗や、教師との相性の悪さなど、特別な事情が重なった結果として起きる、特異例だと考えられていたのです。
　しかし 1990 年代、不登校者数は 7 万人を超えてなお増加傾向をみせていました。不登校者に強い登校刺激を与えると、かえって事態が悪化してしまうケースがあることも知られるようになってきました。こうした中で、文部科学省は 1992 年、「登校拒否（不登校）問題について（報告）」で、「登校拒否はどの児童生徒にも起こりうるものであるという視点に立ってこの問題を捉えていく必要がある」という指針を打ちだします。

さて、文部科学省は2003年に発表した「不登校への対応の在り方について」[3] で、不登校者への対応について、若干トーンを変更しています。いわく、「不登校という状況が継続すること自体は、本人の進路や社会的自立のために望ましいことではなく、その対策を検討する重要性について認識を持つ必要がある」。不登校は誰にでも起こりうるものと受容する態度が過度な不登校容認につながったと捉え、誰にでも起こりうるものだとしても不登校は望ましくないので学校はきちんと対策を取るように、という指示が加わっているのです。

8-1-4 不登校者の進路とひきこもり

上でみたように、文部科学省は、不登校を、本人の進路や社会的自立のために望ましいことではないとみなしています。では、不登校を経験した子どもたちは実際に、その後どのような進路をたどるのでしょうか。

表8-1をみてみましょう[4]。義務教育段階での不登校経験者は、一般群に比べて、高校進学率が低く、就学も就業もしない率が高いことがわかります。

もちろん、進学率が低いことは必ずしも問題ではありません。問題視されているのは、進学も就職もしないニート[5] や、その中に含まれると考えられるひきこもりなど、社会的な自立がうまくいかないケースが少なくないことです。多くの不登校者も、それが長じたひきこもりも、当人は、学校に通いたい、社会に出ていきたい、と基本的には願っています。本人が願っている社会適応ができないことは、本人にとっても、社会にとっても、損失です。

表8-1　不登校者の15歳以降の進路 [4]

		不登校経験者	一般群
高校などへの進学率	全体	81.4%	98.1%
	（うち卒業・修了）	(66.8%)	(89.4%)
	（うち中退等）	(36.8%)	(1.6%)
就業率		6.0%	0.1%
進学しつつ就職した率		4.2%	0.6%
就学も就業もしない率		8.4%	1.2%

8-1-5　不登校からの復帰をうながすはたらきかけ

　かつては、学校にはなんとか来られたけれども教室には怖くて入れないといった子どもたちのために、「保健室登校」という措置が取られていました。近年はこのバリエーションが豊かになり、教育支援センター（「適応指導教室」）やフリースクールなど、いくつかの要件を満たした場で、教育・指導を受けることも学校への登校に準じる、とみなされるようになっています。こうした施設の中には、高校生も支援の対象とするものもあり、幅広い支援が行われるようになってきています。さらに、2009 年には、不登校児童生徒が学校外の機関で指導などを受ける場合について、一定要件を満たすと校長は指導要録上出席扱いできることになりました [6]。

　このように、支援の選択肢は少しずつ増えてきており、また、不登校をどう捉えるかという視点も変わってきています。2017 年には、「義務教育の段階における普通教育に相当する教育の機会の確保等に関する法律」（通称「教育機会確保法」）が定められています。この法律のポイントは、① 学業や人間関係などが要因で学校に行

けなくなった子どもたちは休んでよいことを正式に認め、② そのような子どもたちが学校外で学ぶことを保障する、という点です。日本では、「学校に通うことは正しいこと」という見方が大勢を占めてきましたが、その捉え方も、徐々に変わってきているといえます。

8–2　ナラティブ・アプローチ

　しかしながらそのように変化してきているとはいってもやはり、不登校になると、本人やまわりは、いったいなぜこのようなことが起きたのだろう、と自問を始めざるをえません。なぜなら、学校に行くことはどのような意味があるのか、という明確な答えの出ない問いを通じて、ひとは、自分という人間のあり方をさぐっていくからです。このように、自分自身に問い、自分自身で語るというやり方で自己理解を進めていく方法を、ナラティブ・アプローチといいます。

8–2–1　ドミナント・ストーリーとナラティブ

　「いじめや適応障害などによって引き起こされる不登校は、一時的には容認すべきだとしても、本人のためにも、なるべく早い登校復帰が望ましい」。あるいは、「不登校の子どもは傷ついているのだから、責めたりせず、受容や共感をもって接しよう」。不登校はしばしば、このように語られます。

　ナラティブ・アプローチでは、社会において広く捉えられている考え方を、「ドミナント・ストーリー（支配的な物語）」といいます。

これに対し、私たちの個人的で主観的な理解を、「ナラティブ（語り）」と呼びます。たとえば、「私はつらいことがあっても一生懸命学校に通った」というのは、一つのナラティブです。「繊細な私は学校に行けなかった」という語りも、「私は学校に行けなかった弱い人間だ」という語りも、ナラティブです。

　私たちの価値観は、ドミナント・ストーリーに影響されやすいものです。「私はつらいことがあっても……」という語りは、「不登校は望ましくない」という価値観に支えられており、この価値観こそが、ドミナント・ストーリーだといえます。ただし、ドミナント・ストーリーが必ずしも客観的で正しいわけではないことは、不登校をめぐる社会的な価値観の変遷をみても明らかです。世の中で広く「正しい」とされる価値観は、そのつどの社会に応じて変わってしまうものです。

8-2-2　封じ込められるナラティブ

　ところが、このドミナント・ストーリーは、私たちの個人的な語りを封じ込めてしまうことがあります。たとえば「不登校は怠けだ」というドミナント・ストーリーです。しかし、朝はひどい頭痛に見舞われ、何度も嘔吐し、それでも「学校に行かなくてはいけない」という思いで必死に登校の準備をし、そして玄関で倒れてしまう子どもは、元気に登校していく子どもよりも怠けているのでしょうか。当事者にいわせれば、これ以上できないところまでの努力をしているのではないでしょうか。すると、当事者は、「不登校は怠け」というドミナント・ストーリーを受け容れがたく感じるでしょう。ところが、「怠けではない」という当事者の言葉さえ、「自分の怠けを認めようとしないさらなる怠け心」として非難されてしまう

かもしれません。そのため、「怠けではない」というナラティブは、語られることなく封じ込められていきます。あるいは、「みんなができることができない自分は、心が弱いのだ」というような、新たな自己否定のナラティブを生みだすかもしれません。

　こうしたことは、不登校に対して非共感的なドミナント・ストーリーにかぎりません。「不登校の子どもに共感し受容すべきだ」というストーリーに悩まされるひともまたいます。たとえば、不登校の娘をもつ高野京子は、次のように語ります。

　　不登校の子どもをどう理解して受け入れたらいいのか ── 共感することとか、受容するとかってよくいわれるんですけど、言葉では理解できても、実際の場面で受容と共感って日々悪戦苦闘なんです。
　　朝起きてこない子を、いつ起こそうかって考えるワケですよ。「起きなさい」っていうことは簡単なんですけど、そうするとすごく不機嫌になるんです。[略]じゃあ起こさないでいると、自分がつらくなってくるんですね。罪悪感が出てくるんです。他の子どもたちは学校に行って勉強しているのに、ウチはなんでこんな状態なのかなって……。(高野，2001, pp.125-126)

　ここには、ドミナント・ストーリーとしての、不登校児への「共感」「受容」が、現実では役に立たないという当事者の苦悩が語られています。受容すべきだというドミナント・ストーリーにしたがえば「罪悪感」が生まれ、「自分がつらくなってくる」。しかし、受容しなければ、子どもは「不機嫌になる」。その中で、「他の子ども」には起きないこのような問題に直面させられること自体がそもそも不合理であるという怒りにも似た思いが、高野のナラティブなのです。けれども、共感や受容を強いるドミナント・ストーリーがある

かぎり、このような高野の言葉は、「無理解な親の言葉」として封じ込められてしまいます。

8-2-3 物語の書き換え

　前掲の高野は、子どもが不登校になるまでは意識していなかった、「ふつうの子ども」の親であることが、実はとてもむずかしいことに気づき、母親としての自分のあり方を問いつめていきます。著作には記述されていませんが、子どもが不登校になる前の高野は、自分が社会道徳に反してしまうとか、ふつうのひとにできることが自分にはできない、といった葛藤をそこまで抱えたことはなかったでしょう。問題に直面して初めて、高野は自分の母親としてのあり方をみずからに問いかけるのです。そして、子どもに対して受容や共感のできない自分を発見するのです。

　言葉を語ることは、自分のあり方を発見していくことです。答えを求めて悩み、語る中で、やがて高野は、不登校の子どもをもつ親の会「麦の会」を発足させます。同じ立場の親同士が語り合うことで、新しい答えをみつけていけることに気づきます。受容や共感のできない自分を責めるのではなく、そのような自分自身がなぜ生まれたのか、自分はどのような価値観に縛られて生きてきたのかに気づいていきます。

　このようにひとは、自分の経験や存在意義、価値観などが自分や重要な他者にとってどのような意味をもつのかを、個人的なナラティブとして整理します。こうした作業は、出来事の「ドミナント・ストーリーが十分に彼らの生きられた経験を表していない」と感じる人々による、物語の書き換え（ホワイト＆エプストン，1992参照）といえます。

8-2-4 語ることが自己をつくる

物語の書き換えには、第3章で述べた、言葉のもつ大きな力が作用します。言葉は、単に私たちの内面を外に表出させてくれるだけでなく、語ることそのものによって、ものごとを新たな仕方で理解させてくれるものだからです。とりわけ、自分とは何なのか、といった答えのない問いにおいては、語ることが大きな意味をもちます。

言葉によって自己の物語が書き換えられていくということからわかるのは、「自己」とは、きわめてあやふやで定まらないものだということです。自己の普遍的なあり方というものを、私たちは捉えることができません。それは、捉える能力がないというだけでなく、そもそも自己とは、捉えることの可能な普遍的な定まった形を成しておらず、そのつどの状況に応じて変化するあいまいなものだからです。

けれども、だからといって自分自身の姿を捉えることなく生きていくことは、車の整備状況を知らずに道を走るような、危ういことです。ですから私たちは、そのつどの状況に応じて、私とは何なのかを問い、そのつど答えをみつけるしかありません。そのときの自分にとって最も納得のいく自己像を、そのつど、物語として捉えていくのです。野口はこのような言葉のはたらきを捉えて、「自己を語る行為そのものが自己をつくっている」(野口, 2002, p.37)、といいます。

8-3 不登校のナラティブ

　自分について問い、答えていくことを通して自己ができあがって
いくならば、不登校のような体験は、ある意味では、ひとが自己理
解を深め成長していく、重要な機会ともいえます。すると、その際
に必要なのは、ナラティブを封じ込めることなく語れるようにして
いくことだ、といえます。

8-3-1 不登校者自身の語り

　ナラティブを積み重ねることで、子どもが自分をみつめ成長して
いく姿は、教育社会学者で、自身が不登校経験をもつ貴戸理恵の語
りに読み取ることができます。
　貴戸は、不登校の自分を当初は次のように感じていた、といいま
す。

　　すっかり太陽が高くなってから起きだし、外で遊ぶ放課後の子ど
　もたちの歓声を聞いては、パジャマ姿の自分が一日を無駄にしてい
　るどうしようもない役立たずのような気がして涙が出た。自分がど
　んどん後退してゆき、どんどん無価値な、無意味なものになって
　いって最後には石ころや枯れ葉になってしまうんじゃないかと思っ
　た。そして、
　　「石ころになったら、もう動けないし話したりもできないんだ」
　とぼんやり想像しては、ぞっとしていた。(貴戸, 2012, p.59)

しかし、不登校の期間が続き、その中で何度も自分をみつめる中で、貴戸の語りは変わっていきます。ついに貴戸は、次のような結論に至ります。

　　学校は嫌い、教師は嫌い。大人は嫌い。学校で得られるものなんて、ほんとうに限られているし、そんなものは失うものに比べたら何の価値もない。ひどく傷つけられてまで、自分を否定されてまで、行く価値のある学校なんて、やる価値のあることなんて、この世にはない。
　　わたしには学校なんて必要ない。学校がわたしを排除したんじゃない。わたしが、わたしの人生の中から、学校を排除したんだ。わたしは学校に行かないことを自分で選んだんだ。（貴戸，2012, p.57）

　不登校は自分が選んだのだ。この語りは、不登校は心の弱いひとがなるものだ、といったドミナント・ストーリーを、力強く振り払ってくれます。学校に行くひとこそ、行きたくないのに行かないといえない弱いひとなのではないか。そのようにさえ読めます。
　こうした価値観が正しいかどうかを議論するのは、ナンセンスでしょう。不登校は、本人が望もうと望むまいと、学校や友人、家族、本人の偶然的な状況のかけ合わせの結果、生じてしまいます。大切なのは、当事者はこのようにして自分について語り、いったんそのように理解することで、自己をつくりあげていくことができる、ということです。そしてそのことを通して、もう一度自分の人生を編みなおしていくことができる、ということです。

8-3-2　物語は終わらない

けれども、人生を編みなおしていくことができるということは、私たちの物語はいつまでも完結しない、ということでもあります。実際貴戸は、後年次のように考えるに至った、とも語ります。

> でも、ときどきつらくなる。「学校に行かないのはすばらしいことだよ」わたしを救ったその言葉を信じれば信じるほど、胸の奥深くにおしこめられてゆくものがある。
> 今は思いだすことができる。
> わたしは学校に行きたかったのだ。
> みんなと同じように、普通に学校に行きたかったのだ。行きたかったのに行くことができなかったのだ。自分で決めて、学校に行かないことを選びとったわけではなかったのだ。(貴戸, 2012, pp.60-61)。

貴戸の言葉が教えてくれるのは、私たちが紡ぐ一つの物語は、語られることで新しい物語に向けて動きだすことができる、ということです。貴戸は、私はみずから選択して学校に行かなかったのだ、という物語を語ることによって、本当にそうだったのか、と考えなおす、次の段階に入っていきます。そしてそこで初めて、本当はふつうに学校に行きたかったのだ、という自分を新たに発見するに至ります。

なぜ語られることが、新たな自己発見へとつながっていくのでしょうか。それは、「物語はそれが物語であることを忘れることによって、はじめてじゅうぶんに機能する」のであり、そのために

は「同じこの物語を共有してくれるひとがいなくてはならない」（鷲田，1996, p.96）からです。「学校に行かないことを私が選んだのだ」という物語が、（……ということに私はしておきたい）というト書きつきでは、語っている私はそれを真実だと感じることはできません。貴戸は、家族や友人たち、そして不登校研究者になってからは著作を通じて読者たちと、自分のこれらの語りを共有し、それは他者にとってもたしかに存在する真実だ、という実感を味わうことによって、初めてこの物語の続きへと歩みだせたのではないでしょうか。

　貴戸のように苦悩や葛藤こそが成長につながるのならば、不登校を体験し、おのれのナラティブとしての物語を生みだし続けてきた当事者たちは、ある面ではより深く成熟している、ともいえます。他方、登校することをあたりまえと思い込んできた、学校にうまく適応してきた人々はどうでしょうか。あたりまえだと思っていて、そこに自己の物語を生みだすべく、苦悩や葛藤をする機会がなかったのではないでしょうか。そうだとしたら、本章の「学校に行けない私」の物語を一つのきっかけとして、「自分はいったいなぜ学校に行けたのか」という、新しい問いと新しい物語とに踏みだしてみることが、「あたりまえ」の枠組みから抜け出し、ひととして成熟するための貴重な一歩になるのかもしれません。　　　　　（遠藤野ゆり）

【注】
[1] 子どもが行きたがっているにもかかわらず、子どもに家事や介護をさせたり、偏った教育方針が理由で、学校に行かせない場合は、保護者が罰せられることになります。
[2] 不登校は当初「登校拒否」と呼ばれていました。しかし「拒否」という表現には、当事者が積極的に学校を拒んでいるというニュアンスが感じられ、学校に行きたくても行けないという当事者の実感とずれることから、1990年

頃より「不登校」という表現が広く使われるようになっていきました。

[3] 文部科学省「不登校への対応の在り方について」(http://www.mext.go.jp/b_menu/hakusho/nc/t20030516001/t20030516001.html)。

[4] 文部科学省 (2014)「不登校に関する実態調査（平成18年度不登校生徒追跡調査報告書）」(https://www.mext.go.jp/component/a_menu/education/detail/__icsFiles/afieldfile/2014/08/04/1349956_02.pdf)、および「平成19年度学校基本調査」(http://warp.ndl.go.jp/info:ndljp/pid/11293659/www.mext.go.jp/b_menu/toukei/002/002b/mokuji19.htm)、「平成23年度児童生徒の問題行動・不登校等生徒指導上の諸課題に関する調査」(https://www.mext.go.jp/component/a_menu/education/detail/__icsFiles/afieldfile/2019/01/04/1412082-2301.pdf) をもとに筆者が作成しています。「不登校に関する実態調査（平成18年度不登校生徒追跡調査報告書）」は、平成18年度に中学校を卒業した不登校経験者の5年後の進路状況を、対象者を無作為抽出し調査した結果です。卒業後の高校等への進学率には、平成19年4月より後に高校等に進学した者の割合は含まれていません。また、一般群の卒業・修了率は、平成19年4月の高校進学者数に対する、平成22年3月の高校卒業者数の比率を出しています。中退者以外に、転学、休学、留年、死亡等によって卒業していない者が含まれるため、卒業率と中退率を足しても100％になりません。なお、2001年に実施された同様の調査（平成5年度不登校生徒対象の調査）での高校進学率は65.0％であり、不登校経験者の高校進学率はかなり上昇している、といえます。

[5] 日本では、15～34歳の非労働力人口の中から学生と専業主婦を除き、求職活動に至っていない者を統計上のニートとして算出しています。なお、ニートになるきっかけは必ずしも不登校とはかぎらず、むしろ就労における適応不全の方が高い割合を占めています。

[6] 「平成21年3月12日付け初等中等教育局長通知（高等学校）」(http://www.mext.go.jp/a_menu/shotou/seitoshidou/04121502/1309943.htm)。なおこうした児童生徒にはいわゆる「学割」も適用されるようになりました。

【文献】
貴戸理絵 (2012)「矛盾してても、ぜんぜんいい！」貴戸理恵・常野雄次郎『不登校、選んだわけじゃないんだぜ！』イースト・プレス

野口裕二 (2002)『物語としてのケア —— ナラティヴ・アプローチの世界へ』医学書院

高野京子 (2001)「不登校児をもつ親の苦悩と葛藤」巨椋修（編著）『不登校の真実 —— 学校から逃れる子どもたち』きんのくわがた社

鷲田清一 (1996)『じぶん・この不思議な存在』講談社

ホワイト, M. & エプストン, D. (1992)『物語としての家族』小森康永（訳), 金剛出版

第9章　発達障害
── 多様に豊かに認知する ──

　コミュニケーションが苦手、じっとしていられない、文字がうまく読めないetc……。能力の部分的な偏りのために、学校や会社などでの社会生活が困難になる「発達障害[1]」。全人口の約1割が相当するといわれるこの特性から、世界のみえ方の不思議をひも解いてみましょう。

9-1　発達障害の基礎知識

　発達障害は、できることと苦手なことに著しい差があるために生きづらさが生まれる障害です。まずはその種類や状態、そして文部科学省の定義をみておきましょう。

9-1-1　発達障害の種類と定義

　発達障害は、脳機能の器質や神経発達の先天的な偏りによって引き起こされる、と考えられており、主として、自閉症スペクトラム障害（ASD）、注意欠陥多動性障害（ADHD）、学習障害（LD）の三種類があります[2]。

① ASD（Autism Spectrum Disorder）
人間関係形成の困難、想像力の限界、特定分野へのこだわりが強

いといった特徴があります。会話の流れについていけずコミュニケーションが苦手だったり、急な予定変更に対応できず、「融通がきかない」と思われたり、未知のことが苦手で「臆病」と思われたりすることが多いです。

文部科学省は、ASD を以下のように分けています [3]。

・自閉症〈Autistic Disorder〉
　　自閉症とは、3 歳位までに現れ、① 他人との社会的関係の形成の困難さ、② 言葉の発達の遅れ、③ 興味や関心が狭く特定のものにこだわることを特徴とする行動の障害であり、中枢神経系に何らかの要因による機能不全があると推定される。

・高機能自閉症 〈High-Functioning Autism〉
　　高機能自閉症とは、3 歳位までに現れ、① 他人との社会的関係の形成の困難さ、② 言葉の発達の遅れ、③ 興味や関心が狭く特定のものにこだわることを特徴とする行動の障害である自閉症のうち、知的発達の遅れを伴わないものをいう。また、中枢神経系に何らかの要因による機能不全があると推定される。

② ADHD（Attention-Deficit/Hyperactivity Disorder）
不注意が多かったり、多動や衝動性が強いという特徴があります。忘れ物やなくし物が多かったり、衝動的な言動ゆえに人間関係の維持に困難が生じることがあります。頭の中で騒音が鳴っているような不調に悩まされることが多く、しばしば強い眠気を感じます。苦手なことを先延ばしにする傾向があり、一方で、一度集中し始めると寝食を忘れて没頭すること（過集中）も多々あります。

文部科学省の定義は以下のとおりです。

・注意欠陥／多動性障害（ADHD）の定義

　ADHDとは、年齢あるいは発達に不釣り合いな注意力、及び／又は衝動性、多動性を特徴とする行動の障害で、社会的な活動や学業の機能に支障をきたすものである。

　また、7歳以前に現れ、その状態が継続し、中枢神経系に何らかの要因による機能不全があると推定される。

③ LD（Learning Disorder）

　知的発達に遅れがないにもかかわらず、読み書きや計算が困難、という特徴があります。2ケタ以上の暗算ができない、文字がゆがんでみえるなどして読みづらい、文字を読んでも意味がわからない、まとまった文字を書くことができない、などの困難が生じます。

　文部科学省は次のように定義しています。

・学習障害（LD）の定義

　学習障害とは、基本的には全般的な知的発達に遅れはないが、聞く、話す、読む、書く、計算する又は推論する能力のうち特定のものの習得と使用に著しい困難を示す様々な状態を指すものである。

　学習障害は、その原因として、中枢神経系に何らかの機能障害があると推定されるが、視覚障害、聴覚障害、知的障害、情緒障害などの障害や、環境的な要因が直接の原因となるものではない。

　発達障害は、目にみえるものではありません。また、得意なことも多くあるため、「能力が高いのだからもっとできるはず」「できないのは本人が怠けているからだ」といった誤解をしばしばされてしまいます。

9-1-2　発達障害の重なりと二次障害

　ひとりのひとにASDとADHD、あるいはLDの傾向が重複して
あるといった、発達障害の重なりが、しばしばみられます。また、
発達障害は生まれつきの特性ですが、その特性ゆえにまわりから否
定され、傷ついたり、自尊感情が著しく下がってしまうことが多々
あります。そのために、後天的な精神障害や、不登校やひきこもり、
自殺企図などの二次障害が生じることも多々あります。
　統計の取り方によって数値は異なりますが、たとえばADHDの
子どもが二次障害として反抗挑戦性障害（幼児期から学童期の子ども
で、過度に反抗的、挑戦的な態度でトラブルを起こしやすい状態）をあ
わせもつケースは50％～70％、といわれています。さらに思春期
以降になると、反社会的な傾向も増えるなどさらに重い障害とされ
る「行為障害」は10％の併存率です。また、ASDと気分障害（う
つ病など）の併存率は10～37％、ASDと不安障害（パニック障害や
潔癖症など、後天的な神経症）やの併存率は40～55％と、いずれも
かなり高い数値が報告されています。

9-1-3　おとなの発達障害

　おとなの発達障害、という表現があります。文字通り、おとなの
発達障害のことですが、学生時代には大きな問題なく過ごしたため
に、おとなになるまで障害が見過ごされてきたケースを指すことが
しばしばあります。
　たとえば多動傾向は、アイデアの豊富さや行動力につながりやす
く、学生時代にはこうした能力がプラスに作用することがあります。

しかし不注意傾向をあわせもつため、社会で求められる緻密で煩雑な事務処理は、苦手としやすいのです。他の特性も同様で、成長と共に求められる能力の変化に伴って、障害が明らかになるケースがあります。

おとなになるまで障害がわからないということは、それだけ障害が軽度だったり、環境がよかったということだ、と考えられます。しかし、だからこそ問題になることもあります。たとえば、障害が早期にわかっていれば可能だった、特性に応じた幼児期からのさまざまなトレーニングを受ける機会を逸してしまいかねません。会社や家庭などのコミュニティにおいて責任ある立場にたちながら、障害によってできないことが多くなってしまうと、それはそのまま社会的・経済的なトラブルに発展してしまうという問題もあります。

学校段階で発達障害、あるいはその傾向が疑われる子どもの割合は、6.5％という調査結果が出ています[4]。おとなの発達障害には全人口の約1割が相当し、発達障害の傾向はあるけれど軽度だったり診断を受けていないためはっきりしていないグレーゾーンのひとも含めるとその割合はさらに高い、ともいわれています（姫野, 2019, p.24 参照）。環境が変われば求められる能力も異なります。何かをきっかけに、不都合なことが生じている、なんだか生きづらいと感じたら、専門家を訪ねることも、一つの有益な方法でしょう。

9-2　認知と障害

発達障害の要因となるものの一つが、認知と呼ばれる脳の機能です。たとえば赤いリンゴ。表面の赤さ、光沢のある質感などを視覚情報として取り入れたとたんに、「これは赤くつやつやしたリンゴ

だ」という意味判断が生じます。これが認知です。障害の有無にかかわらず、私たちはひとそれぞれ異なる認知をしています。ここでは、認知の不思議をみてみましょう。

9-2-1　認知機能の優位性

　私たちの認知機能は、同時に複数作用します。たとえば写真をみながら説明を聞くとき、聴覚情報として言葉の説明を多く聞きつつも、写真に写っているものや話しているひとの表情や身ぶりなども視覚で捉えています。同時に複数が作用する認知機能は、しばしば、その一部が優勢的にはたらきます。

　この作用の優勢程度には、個人差があります。写真やひとの表情など視覚的な情報により注意を向けるひとでは、視覚が優先的にはたらいていますし、言葉の説明に注意を向けるひとは、聴覚が優先的にはたらいているといえます。同時に機能する複数の認知について研究している岡は、こうした特徴をそれぞれ、「聴覚優位」「視覚優位」と呼びます（岡，2010 参照）。この優位性は生まれつきの側面が強く、本人が意図的に選択できないものです。

　聴覚優位のひとは、ひとの話を聞いて理解することが得意ですし、ものごとを記憶するにも言葉を用いる傾向にあります。逆に、視覚が優位にはたらくひとの場合、映像で示されたことがらを理解することが得意ですし、多くの視覚情報を処理することができます。過去のある場面は、そのときに捉えた視覚情報がそのまま思いだされます [5]。

　「優位性」は、他にもさまざまなパターンがあります。たとえば、ものごとの全体を認知し捉えることが優先されがちな「全体優位」と、細かい一部を認知し捉えることが優先されがちな「局所優位」。

視覚作用においても、ものの輪郭に注意が向かいやすい「線優位」と、面や奥行きといった三次元に注意の向きやすい「色優位」など。

　すべてのひとは自分に特有の優位性を備えており、それゆえ、同じものをみたり聞いたりしても、ひとはそれぞれかなり異なる仕方で認知します。優位性があるということは、私たちは知覚情報を得たりそれを認知したりする際に、多くの情報を取りこぼしている、ということでもあります。優位にはたらく領域ではより多くの情報を認知できますが、優位ではない領域の情報の多くは、本人がいくら努力しても、そもそも認知できないのです。

9-2-2　感覚過敏

　何がどう優位にはたらくかを、私たちは意図的に選択することができません。そのため、他のひとには認知できない知覚情報を捉えてしまったり、逆に多くのひとが捉えられる情報を捉えそこなってしまうなど、優位性は、ときに、生活の中で生きづらさをもたらします。その一つが、感覚過敏という状態です。

　感覚過敏とは、ある感覚が過剰に反応してしまうことです。

　たとえば聴覚の感覚過敏で、教室の片隅での私語やエアコンの稼働音が気になって授業に集中できないひとがいます。視覚刺激に敏感で、サングラスなしには光がまぶしくて屋外にいられないひとや、多くのひとには区別のつかない色の違いにこだわるひとがいます。味覚が過敏で、旬のものしか食べられないひと。触覚が敏感で、タートルネックの服やネクタイなどを身につけると「首を絞められているような気分」になってしまうひと。嗅覚が敏感で、目の前の相手が数日前に食べたものの匂いがわかってしまい、人づき合いが億劫（おっくう）になってしまうひと [6]。低気圧が近づくと頭痛や吐き気のす

るひとや、音が文字の形になってみえ、赤ちゃんの泣き声などを聞くとその文字で頭をグリグリとえぐられる痛みを感じるひとなど、感覚過敏はさまざまな形で現われます。

　また一方で、特定の感覚が極端に鈍感な、「感覚鈍麻」という状態もあります。たとえば気温が下がっているのに気づかない。異臭がしているのに気づかない。五感が十分に機能しないとそれはそれで、別の困難や危険をもたらしかねません。

　何に敏感で、何に鈍感なのか。優位性によるこの違いが、私たちが日常、感受し理解している世界の映り方を、ひとそれぞれまったく違うものにしているのです。

9-2-3　感覚過敏と発達障害

　発達障害は、こうした感覚の過敏／鈍麻と密接な関係があります。
　たとえば、コミュニケーションの困難、想像力の困難といったASDの特徴は、視覚過敏と密接に関係しています。視覚刺激が強すぎると一種の飽和状態に陥り、目にみえない相手の気もちや、まだ目の前に起きていない未来のことを想像することがむずかしくなります [7]。ADHDのひとが、たとえば授業中に教師の話を聞くことができない理由も、廊下の音など何か他の刺激に過剰に反応してしまうことなどがあります。
　発達障害のすべてを、認知の特性だけで説明できるわけではありません。発達障害は、ことがらによってできることとできないことの差が大きい状態で、心理・医療的には、言語的な知的能力と動作・作業的な知的能力との格差も診断基準となります。またそれだけでなく、脳機能は非常に複雑で、まだまだ解明されていない点も多いのです。ただ、その他の要因も含めて、発達障害の特性は感覚、

認知レベルで生じるため、本人の意思でコントロールできないこと、努力不足や怠けではないということをふまえておく必要があります。

9-3　障害とは何か

　前節では、認知やその優位性の特性についてみてきました。くりかえしますが、障害の有無にかかわらず、これらはひとそれぞれ異なっており、本来ひとは、同じものを見聞きしながら、まったく異なった認知をしているのです。ところが、その中の一部の特性だけが、「障害」になってしまいます。ではいったい障害とは何なのでしょうか。

9-3-1　発達障害の定義の変遷

　発達障害は先天的なものであり、こうした特性の人々は今と変わらず昔も多くいました。しかしこの障害そのものは、2000年代になって注目されてきたものであり、さらに、医学の進歩や社会の変化によって、今なお、その捉え方が変わりつつあります。たとえば、文部科学省の定義にあるように自閉症、高機能自閉症、アスペルガー症候群といった分け方をされていた障害は、発達障害の世界的診断基準の一つであるDSM（アメリカ精神医学会診断マニュアル）の最新の分類（第5版）では、「自閉スペクトラム症」と一つにくくられています[8]。

　この変化は、発達障害の次のような事情と関連しています。

　一つは、発達障害として捉えられる能力のさまざまな偏りは、すべてのひとにある程度当てはまるものだ、ということです。定型発

達（発達障害でない）のひとであっても、人づき合いに苦手さを覚えたり、忘れ物をすることはあります。ただ、その偏りの度合いには個人差があり、程度がスペクトラム（連続体）になっている、ということです。

　もう一つは、特性の偏りの大部分は、手術や薬などで治療すべき「病気」ではない、ということです。医学や福祉、教育など分野によって若干考え方は異なりますが、病気は、何か原因となる悪いものがあり、治療して正常に戻すことがめざされる状態を指します。他方、発達障害は「特性」、つまりそのひと固有の特徴によるものです。足が速い／遅いといった特徴が治療の対象でないように、発達障害の特性も、必ずしも、治療し治すことをめざすものではありません[9]。

　発達障害とは、特性そのものよりも、その結果、社会生活に困難が生じる場合に、障害として区別することで、支援を受けやすくするための概念です。したがって、社会が変われば、生じる困難も変わり、発達障害の枠組みもまた変化するのです[10]。

9-3-2　社会的不利益（ハンディキャップ）としての障害

　そもそも「障害」とは何でしょうか。「障害」は、機能障害（disorder）と能力障害（disability）とハンディキャップ（handicap）とに分けられます。ハンディキャップは「社会的不利益」、いわゆる「生きづらさ」です。

　近視を例にしてみましょう。目の水晶体のまわりの筋力が下がると焦点を網膜に合わせられなくなるため（機能障害）、遠くをはっきりみることができなくなります（能力障害）。そのため裸眼では、物にぶつかったりするなどの危険性が高まります（ハンディキャップ）。

近視に関してはさまざまな治療や矯正方法があるため、多くの場合「障害」とはみなされません。他方、肢体不自由などは、さまざまな補助があってもいまだ多くのハンディキャップをこうむらざるをえない状況です。すると、障害とは、機能や能力の問題というよりも、それに社会がどれだけ対応しているかによって決まるといえます。

　それだけではありません。9-2でみたように、私たちの認知特性はひとによってさまざまに異なっています。ところがある違いは社会生活を送るうえで大きな問題となるのに、ある違いは問題になりません。たとえば、方向感覚の良し悪しは、基本的にはハンディキャップになりません。しかし、スマートフォンもコンパスも地図もない中で狩猟をしなければならなかった古代の人々においては、どうでしょうか。方向感覚の良し悪しは、社会的な能力として決定的な意味をもっていた、と推測されます。つまり、社会が変化することによって、どのような特性が不利益をこうむるかという点もまた変化するのです。

9-3-3　発達障害の特性のもつ豊かさと「生きづらさ」の重み

　社会によって、どのような特性が「生きづらさ」になるかが異なってきます。しかし本来、ひとはそれぞれ異なる仕方で世界を体験しており、場合によっては、その豊かな個性が生かされることもあります。たとえば、芸術家や漫画家、映画監督、俳優など、表現の才能に恵まれた人々がいます。こうした人々の多くは、その認知特性が個性豊かであるからこそ、その才能が発揮されている、と考えられます。

　しかし同時に、こうした特性ゆえの特殊な体験があるからといっ

て、発達障害の当事者やそのまわりの人々が置かれている生きづら
さを軽視してしまう危険性にも、目を向けなくてはなりません。発
達障害の妻をもつルポライターの鈴木大介は、次のように述べてい
ます。

　　昨今はちょっとした発達障害ブームで、「発達障害者はきらめく
　才能を持つ」的な前向き言説も世の中に嫌というほど出回ってい
　ますが、ちょっとこれはあまりありがたくないと僕は考えています。
　というのは、実際に当事者と暮らす側からすれば、綺麗ごと抜きで
　大変なことが多いし、その才能が開花しない当事者にとっては残酷
　で無責任な言説にも感じるから。……発達障害の当事者は多くの場
　合その才能を開花させるどころか、社会から排除と攻撃のターゲッ
　トになっている方が大多数のように感じてきました。（鈴木, 2018,
　p.1）

9-3-4　発達障害の「当事者」として

　鈴木が「ブーム」と呼ぶように、発達障害という言葉が社会に広
がり、多くのひとの知るところとなった問題だからこそ、発達障害
のひとの特性のよい面に目を向けようという向きも増えているので
しょう。しかし、当事者性を欠いた安直な同情や特性礼賛は、当事
者をむしろ苦しめてしまう。鈴木はこう訴えています。
　と同時に、ここで私たちが考えておくべきなのは、発達障害とい
う生きづらさの「当事者」とは誰なのか、ということです。鈴木の
言葉は、警鐘であると同時に、障害のあるひとのパートナーもまた、
この問題の当事者である、ということを教えてくれています。これ
は、すべてのひとにとって同じです。家族、友人、同僚etc……社

会で生きながらかかわっていく人々の1割に発達障害やその傾向があるなら、私たちはいつでも、この問題の当事者になりうるのです。

　また、AI（人工知能）が私たちの生活を一変させるとささやかれる昨今、多方面の技術革新によって、これまでは必要とされなかった能力が重用されたり、重要だとされてきた能力が不要になったりしていくでしょう。ということは、今は「障害」にならない特性が、近い将来、ハンディキャップになっていく可能性もあります。こうした意味でも、私たちはみな、発達障害の当事者なのです。

　重要なのは、私たち一人ひとりにとって世界のみえ方は多様で、そのみえ方が「障害」になるかどうかは、社会の状況次第だということを理解しておくことです。この社会がどうあるかを決めるのは、社会の構成員である私たち一人ひとりです。ということは、私たちはいつでも、障害を背負う側になりうると同時に、障害を生みだす側の人間でもある、ということです。その意味で、今現在の障害の有無にかかわらず、私たちはいつもすでに、発達障害の当事者なのです。

　そう思えば、発達障害という社会的な問題もまた、みえ方は異なってくるのではないでしょうか。当事者のひとりとして、社会をどう創っていくか。どのようにして、人々の特性による生きづらさをそのひとらしさとして開花させていけるか。私たち一人ひとりの責任が問われているのだと思います。　　　　　　　　　（遠藤野ゆり）

【注】
［1］「障害」という表記からは、障害が「悪い」ものというニュアンスも読み
　　取れるため、「障碍」「障がい」という表記をする場合もありますが、本書で
　　は常用漢字を用いて「障害」と表記します。
［2］発達障害の障害名については、以下、英語の略語表記を用います。

[3] 以下、発達障害各種の文部科学省の定義については、下記のウェブサイトから引用。http://www.mext.go.jp/a_menu/shotou/tokubetu/004/008/001.htm。なお、上記ウェブサイトには、「アスペルガー症候群とは、知的発達の遅れを伴わず、かつ、自閉症の特徴のうち言葉の発達の遅れを伴わないものである。なお、高機能自閉症やアスペルガー症候群は、広汎性発達障害に分類されるものである。」と付記があります。

[4] 文部科学省2012「『通常の学級に在籍する発達障害の可能性のある特別な教育的支援を必要とする児童生徒に関する調査』調査結果」による（http://www.mext.go.jp/a_menu/shotou/tokubetu/material/__icsFiles/afieldfile/2012/12/10/1328729_01.pdf）。この数値は、専門家による診断を受けている子どもの数ではなく、学校教員が、知的障害はなく通常学級に在籍しているが発達障害傾向があると感じている児童生徒の割合を示しています。なお2002年の同様の調査でも「6.3％」という結果が出ていることから、この数値はおおむね妥当なものだと考えられます。

[5] 視覚優位性が極端に高い場合には、ものごとを考える際にも、「言葉」を使わず「映像」を用います（映像思考）。映像思考では、現実に目で見ているのとは別のビジョンがみえており、たとえば「リンゴ」といわれるとそのビジョンにリンゴの像が浮かび上がるなど、考えたことに即して、映像が動いたり変化したりしていきます。多くのひとは、映像と言語の両方をはたらかせながら「思考」しますが、映像しか用いないひともいれば、言語しか用いないひともいます。

[6] こうした過敏さは、五感だけとはかぎりません。たとえば化学物質過敏症は、特定の化学物質や電子レンジの発する電磁波などに反応して、皮膚が腫れあがってしまったり、頭痛が起きてしまったりする症状です。

[7] 第5章で述べたように、多くの場合私たちは、雰囲気として広がっている人々の感情を察することができます（本書ではこれを「浸透的で双方向的な感情移入」と呼びます。これについては、終章で詳しく述べます）。コミュニケーションはそのように互いに相手の気もちを察し合うことをベースにしていますが、ASDの人々は、感覚過敏や神経細胞の機能の不活発により、相手の気もちを自然に察することがむずかしいのです。たとえば綾屋は幼稚園の時代に、「だれとだれとだれが、どんな気持ちで、どんなルールで、いつ

までに終わるつもりで、一緒に過ごしているのか」がわからないために、子ども同士の遊びに参加できなかった、と述べています（綾屋, 2008, p.129）。

[8] DSM-5では、LDも、SLD（局部的学習症／障害）と名称変更されています。

[9] ADHDの治療として投薬療法がありますが、これはADHDの特性を「治療」するのではなく、不利益をこうむりやすい要因となっている症状を一時的にやわらげるものです。

[10] 近年は、最新のDSM-5やICD（世界疾病分類）11でも、発達障害を「神経発達症群」と呼称変更し、「障害」という言葉を用いなくなるなど、大きな概念変更が進みつつあります。

【文献】

綾屋紗月 (2008)「声の代わりを求めて ── 『取り込み』で自由になる」綾屋紗月・熊谷晋一郎『発達障害当事者研究 ── ゆっくりていねいにつながりたい』医学書院

姫野桂 (2019)『発達障害グレーゾーン』扶桑社

岡南 (2010)『天才と発達障害』講談社

鈴木大介 (2018)『されど愛しきお妻様 ──「大人の発達障害」の妻と「脳が壊れた」僕の18年間』講談社

第10章　キャリア形成
── 自分の人生を引き受けて生きる ──

　女性の社会進出、相対的な貧困率の上昇 ・・・。本書でこれまでみ
てきた事象からもわかるように、ひとのキャリア（生き方）は多様
化しつつあります。これは、人生の選択肢が広がっているというこ
とでもあり、生き方を自分で決めなくてはならない自己決定責任の
時代になった、ということでもあります。

10-1　多様化するキャリア形成

10-1-1　おとなになることとキャリアの多様化の影響

　おとなになるとは、次世代を育む役割を担うようになるというこ
とです。衣食住、教育、娯楽、愛情、機会、あらゆるものを「与え
られる」側だった「子ども」から、与える側の「おとな」になるこ
とです。
　たとえば「教育」。私たちは生まれてからずっと、さまざまなこ
とを「教えられる」側として子ども期を過ごします。これが、もし
も教師になれば、教える側になることになります。しかし、「わか
る」ことと「教える」ことはまったく違うことで、私たちは自分が
わかっているからといって、それを自分がわかったのと同じように
ひとに教えられるとはかぎりません。同じように、「レストランで
好みの食事を楽しむこと」と「誰がいつ食べてもおいしく安全な食

事を提供すること」、「子どもとして親に育てられること」と「仕事
や自分の悩みを抱えるひとりの人間でありながら親として子どもを
育てること」は、まったく異なることです。与えられる側から与え
る側になるということは、単に役割が反転するだけではなく、与え
られる側にいたときとはまったく違ったあり方と能力とが求められ
るということなのです。そこで、自分がどのようなおとなになりた
いかと考えるために、私たちは、自分の役割を手本のように示して
くれる「ロールモデル」を必要とします。

キャリアの多様化は、身近なおとながロールモデルにはなりにく
くなっている、ということを意味します。親世代における「望ま
しいライフコース」は、進学 → 就職 → 結婚 → etc …… といった、
きわめて単純化された形で示されていました[1]。他方今の若者は、
親の世代の生き方をそのまま倣えばよいわけではなく、親世代には
存在しなかった選択肢を、自分で選んでいかなくてはなりません。
ですから、どのようなおとなになるのかも、どのようにしてなるの
かも、イメージしづらい時代になっている、といえるでしょう。

こうした問題を受け、2000 年代以降、学校ではキャリア教育が
推進されてきました。キャリア教育とは、「一人一人の社会的・職
業的自立に向け、必要な基盤となる能力や態度を育てることを通し
て、キャリア発達をうながす教育」[2] のことです。

でははたして、若者はよりよいキャリア選択ができるようになっ
てきているのでしょうか。事態はそれほど簡単ではありません。
2015 年の調査によると、自分の就きたい職業や適性がわからない
と悩む高校生は、60％以上に上ります[3]。筆者たちの勤める大学
でも、就職活動が本格化する 3 年次になっても、自分のやりたいこ
とがわからない、決められないという悩みをもつ若者はたくさんい
ます。それも、必ずしも不真面目な若者たちではなく、むしろ、人

生を真剣に考えている若者たちに、こうした様子はみられます。夢をもたねばならない。やりたいことをみつけねばならない。自分の能力と適性とを理解しなければならない。キャリア教育を受けそのように学ぶからこそ、それができない自分に、彼らは悩み苦しんでいるようにみえます。

10-1-2　自己分析の三視点

キャリア選択においてまず何よりもしなければならないのは、自分はどのような人間なのかをみつめること、すなわち自己分析です。このときに、三つの視点から自分の生き方をみつめなければなりません。それは、「何をしたいか（will）」、「何ができるか（can）」、そして「何をしなくてはならないか（must）」です。

私たちはとかく、自分が何をしたいか、ということを考えがちです。自分がそれをしたいということは、はたらくうえでの重要な動機づけになります。けれど、いくら動機があっても、自分にその能力がなければ、実行することはできません。

また、好きなことを仕事にするということには夢がありますが、しかしその仕事が社会で必要とされるとはかぎりません。ですから、社会において自分がなすべき役割を考えることも、重要です。おとなになり与える側になるとは自分の好きなことだけを与えるということではなく、ときに自分自身にとって望ましくないことであっても、社会の歯車を回す動力の担い手として、行わなくてはならないのです。

さて、このように考えてみると、キャリア選択における自己分析とは、二つの側面から成り立っていることがわかります。一つは、「自分」とは何かであり、もう一つは、自分が生きていく「社会」

とはどのようなものか、です。

10-1-3　労働をめぐる日本の現状

　先に後者の「社会」をみておきましょう。ここでは、二つの問題を取り上げます。

　一つは、かつての単純化された「望ましいライフコース」像を支えてきた、「終身雇用」と「新卒一括採用」という日本独特の労働市場のあり方です[4]。これらは、高度経済成長期に安定した労働力を求める企業の事情によって生まれた仕組みですが、2000 年代以降、企業では「終身雇用」という形態を維持するのがむずかしくなっています（Hamaaki et al., 2010 参照）。学校を卒業したら就職しずっとそこに勤める、という働き方を取るひとは、実は半数以下の41％にすぎません（児美川，2013 参照）。

　もう一つは、ジェンダーの問題です。かつて日本のキャリアモデルを支えていたのは、女性は家庭に、男性は仕事に、という性別役割分業が浸透した社会の仕組みや価値観です。1980 年代以降、こうした価値観は女性差別とみなされるようになり、男女が均衡して社会に進出できる仕組みづくりが求められてきました（男女雇用機会均等法 1985 年など）。

　しかしながら、世界経済フォーラムの調査によれば、日本は途上国を含む世界 149 ヵ国の中で、ジェンダーギャップ指数が 110 位（2018 年度版）です[5]。日本は科学技術が発達し、世界に大きな影響をもたらす経済規模をもつ国でありながら、実は、男女格差がいまだ続いている国だといえます。こうした現状が、女性のみならず、男性にとっても、自分の生き方を決める際に大きな影響を及ぼしていることは、いうまでもありません。

こうした現状と同時に、これからの社会変化にも、目を向ける必要があります。グローバル化や技術の目覚ましい進歩によって、現存する仕事のかなりの部分が近い将来はなくなる、といわれてもいます。私たちには、既存の社会状況を知るだけでなく、未来の社会をも想像し、デザインしていく力が必要です。

10-2　自己とは何か

さらに私たちは、こうした社会の仕組みだけでなく、自分とは何かを考えていかなくてはなりません（自己理解）。しかしそもそも、「自己」とはどのようなものなのでしょうか。

10-2-1　自己分析のむずかしさ

若者が自己分析に悩む理由の一つは、職業選択を迫られる若者にとっての、経験の絶対的な不足です。そもそも自己の姿は、家庭での自分、友人といるときの自分など、場の役割に応じて変わります。ですから、職場で新しい役割を担えば、さらに新たな自己が生まれる可能性を秘めた存在だといえます。ところが、就労のタイミングにおいて多くのひとは、家族や友人や学校関係者というきわめて限られたひととの間でしか、経験を積んでいません。その経験を通してみえてくる自分というのは、まだかなり未知の部分を含んだものでしかないでしょう。

しかしそれ以上に、普遍的で哲学的な問題があります。それは、自分で自分のことを捉えきることの絶対的な不可能性です。本書でくりかえし述べているように、ひとは自分のことを自分でわかるこ

とはできない、ということです。

　自分を捉える（認知する）ためには、捉える私（I）と捉えられる私（Me）とに自分が分離することになります。さらには、Me がどのように考え、感じ、ものごとを遂行するのかという、私の認知の仕方そのものが、I の認知対象となります。自分自身（Me）の捉え方を捉える私（I）の認知のはたらきを「メタ認知」と呼びます。たとえば何か失敗をしたときに、自分の消極的すぎる考え方（＝認知）がその原因だと分析するといった、自分自身の認知そのものを捉えるはたらきが、メタ認知です。一般的に、メタ認知ができるほど、自分を客観視することができ、仕事をこなすうえでも有用だ、と考えられています。しかし、自分を完全に客観視することはできませんから、完璧な自己分析というのはそもそも不可能だ、といえます。

10-2-2　半透明の意識

　自分（Me）を捉えることが単純ではないのは、メタ認知の能力の有無の問題だけではありません。というのも、メタ認知される Me というのは、本当にはメタ認知する I から切り離されたものではないからです。このことについて、現象学者ジャン＝ポール・サルトルの「半透明の意識」という考えをみていきましょう。

　サルトルは、何かについて意識 [6] できるということが、モノと人間との根本的な違いだと考え、人間について考えるうえで、意識作用を重要視します。そしてその意識作用には、二種類ある、といいます。

　一つ目は、何かについて意識している際の意識作用そのものです。たとえばある本について考えているならば、意識はこの本を自身の

図10-1　二種類の意識

対象としている、といえます。このように、対象へと明確に向かう意識作用が、一つ目の意識です。

　と同時に、私たちはいつも、本を意識している自分自身を知っています。たとえ夢中になって本を読み、その世界に没頭しているときでさえ、私たちは、物語に涙すれば「涙している自分」に気づいていますし、いつなんどき誰に「何をしているの？」と問われても「本を読んでいる」と答えることができるでしょう。こうしたことができるのは、自分が今何をしているのか、今自分は何を感じているのかを、明確に意識することがないとしても、いつも同時にそれとなく意識しているからです。これが、二つ目の意識です。

　このとき、本に対して意識が向かっていることは明瞭であるのに対し、何かを意識している自分自身へと還ってくる意識はぼんやりとしてあいまいです。そこでサルトルは、自己についての意識は「半透明」だ、と比喩的に述べています（サルトル，1999, p.199）。

　このような意識のはたらきに着目することで、次のことがみえてきます。それは、自己分析など、自分自身について考える、つまり自分を意識の対象とするときにさえ私たちは、自己分析される私（Me）を明確に捉えているだけでなく、自己分析している私（I）についても半透明的に捉えている、ということです。たとえば自己分析用の心理テストを受ける場面を考えてみましょう。「私はリー

ダーシップを取ることが得意だ」という項目に関して、自分のこれまでの活動や自分の性格等々、Me について考えて「よく当てはまる」に〇をしようとするとします。しかし、意識はいつも何かを意識している自分についてもそれとなく気づいてしまうため、「私（I）は自分を実際よりもよくみせようとしているからこう判断しているのではないか」と感じてしまうかもしれません。あるいは、「リーダーシップを取るためには客観性が必要だから、自分のことを過大評価している時点で自分は本当にはリーダーシップが取れていないのでは」と感じてしまうかもしれません。このように、意識は単純に Me だけを意識対象とするのではなく、Me と分かちがたく結びついている I としての私にも影響されてしまうため、自分自身の思いにとらわれることなく完璧に自己を分析するということは、本来的には不可能なことなのです。

10-2-3　無限後退する意識

　意識が半透明であることの影響は、ここで終わりません。「リーダーシップを取れるというのは過大評価だ」と考えれば、次は、「でもここで、自分を過大評価していると捉えている時点で、自分のことを冷静に分析できているのだから、やはり自分は自分を客観視できる人間なのではないか」と考えることが可能になります。そして、そう考えているということに対してさらに半透明の意識がはたらくため、「そうやって自己正当化してしまう自分はやはり客観性に欠けるのではないか」といった、堂々巡りが始まってしまいかねません。

　何がそのつど意識の対象となっているのかを、整理しておきましょう。最初の自己分析で「リーダーシップが取れる」と回答した

図10-2　反省[7] の無限ループ

時点では、意識の対象は、①〈普段の自分自身〉でした。しかし「そ
れは過大評価ではないか」と考えているときには、②《①〈普段の
自分自身 Me〉を捉えている私 I》までもが、意識対象としての私
Me になっていることになります。さらに、「過大評価だと気づい
ている自分は自己客観ができている」と意識しているときには、③
〔②《①〈普段の自分自身 Me〉を捉えている私 I》を意識している
自分 I〕までもが、意識対象としての Me になっていることになり
ます。

　自分自身を振り返る、つまり反省をするときにひとは、このよう
に、意識の背後にある「自分自身についての半透明な意識」を無限
に追いかけて後退していくことになります。自分自身を捉えるとい
うことは、完成することのない無限後退に陥ることだ、ともいえま
す。

10-2-4　自己決定の困難

　ここでさらに重要なのは、私たちの意識は、自分を意識すること
で、変わってしまうということです。たとえば怒りで頭が真っ白に
なっているときと、「あ、自分は今怒っているな」と捉えたときと

を比べてみましょう。怒っている自分を捉えているとき、どこか冷静になっている私はもはや、本当の意味では怒っていませんし、そのときに捉えた「怒り」にも、怒りのさなかにあったときの激しさはもはやありません。

　自分自身について意識して捉えたときには、もうそのときの自分自身ではなくなっているという変化は、怒りのように典型的ではないとしても、私たちが自分自身について意識するそのつど、常に生じています。したがって私たちは、メタ認知能力にもとづいて自己分析をしながらも、無限後退しつつ、そのことによって自分自身のあり方そのものが変化する、という体験をすることになります。

　自己分析すればするほど、自分がわからなくなる。このように悩むのは、自己分析してはそのつど自己が変化し、そのためにいつまでも自己について結論が出ないからであり、自分自身と真摯に向き合い続けた誠実さの現われだともいえます。

10-3　おとなになることの責任

　10-1で述べたように、キャリアの多様化した現在、私たちは自己決定の自由と責任をますます負っているといえます。ところが同時に、社会も、また自己も、その自由を揺るがすような形で存在しています。そんな中で私たちは、いったいどうすれば、よりよいキャリア選択ができるのでしょうか。

10-3-1　キャリア選択の困難さの理解

　改めて確認しておきましょう。社会には、就業の仕組みや性別役

割分業など、その自己決定を十分に保障してくれないしがらみが多々残っています。また、本書でみてきたように、学歴と生涯年収の関連や、その学歴と親の経済の影響、「努力する」ことそのものへの認知特性の影響など、個々人の置かれている状況も、必ずしも自由な選択を保障するものではありません。

そう考えるならば、キャリア形成やその選択は、とても困難なことなのだと、まずは認めてみることが必要ではないでしょうか。夢をもたなくてはならない。自分の能力と適性とを理解しなくてはならない。キャリアをめぐる言説は、たくさんの「しなくてはならないこと」を掲げ、社会に出るまでにこれらをすべて達成しなくてはならないかのように誤解させかねません。こうした「しなくてはならないこと」の呪縛から逃れ、自分とはそもそも理解しがたく、社会もまた理不尽なことがたくさんあるのだ、と考えてみることが必要かもしれません。

そうして落ちついてゆっくりと自分自身や周囲を眺めてみる。自分のことも社会のことも、一度にすべてを知りつくそうとするのではなく、自分の手の届く範囲にあることがらをきちんとみつめてみる。あるいは、若さ、経験不足などゆえに自分には何が知りえないのかをみつめてみる。そして、とりあえず知りたいこと、知る必要のあることが何なのかを、考えてみる。「必要なことがある程度わかればよい」という落ちついた心もちは、視野を広げ、自分の知りたいことをきちんとみつめさせてくれるのではないかと思います。

10-3-2 責任とは何か

こうして、自分や自分のまわりのことを少しずつでも知ることができれば、私たちは本当の意味で、自分の人生の決定に、責任を取

ることができるようになるはずです。

　ここで注意したいのは、「責任がある」ということの意味です。日本語では、「責任がある」という言葉は、しばしば「誰が悪いか」という意味を含んでしまいます。しかし責任は、英語では responsibility。すなわち、ある事態に対して応答できること（response + ability）が、責任をもてる、ということです。

　応答するためには、まず、そのことがらを知らなくてはなりません。たとえば、「やさしい虐待」や「教育虐待」（第2章注 [10]、第3章注 [7]）。子どものために過剰になるはたらきかけを、あたりまえのことだと思い込み虐待だと気づかないと、子どもは対処のしようがありません。ところが、あたりまえを疑ってみると、親のかかわり方は不適切なのではないか、と気づくことができます。そうなると、子どもは親のかかわり方をうのみにしなくなったり、まわりに助けを求めたり、あるいはそういう親なのだと自分なりに折り合いをつけていったりと、新しい選択をするという形で、応えることができます。

　責任を取る、応答するとは、このように、事態を捉え、それに対し自分なりの態度表明をすることです。すると、自己決定とは、無限後退に陥りがんじがらめになっている自分自身に対して、まずはそのような答えの出ない自分であることを知ることだといえます。そこまでいけば、悩み続けるのか、悩んでも答えは出ないのだからといったん思考を停止するのか、私たちはみずからの応答の仕方を選択していくことができるのです。

10−3−3　他者とのかかわりの中でおとなになる

　おとなになること、与える側になることとは、したがって、自分

と周囲とを知ろうとすることであり、しかもただ頭の中で考えて無限後退に陥るのではなく、手の届く範囲から実際に始めてみる、ということです。たとえばボランティア活動やインターンシップ。たとえば海外体験。社会に身を置き、他者の中でみえてくる自分自身と、自分を取り囲む他者たちとを実際に知ってみてはどうでしょうか。

　このことには、二つの意味があります。一つは、実際に行動に移すことによって、無限後退に陥り選択できないまま立ち往生することを防ぐこと。人生に悩むことも、慎重に選択することも、悪いことではありません。しかし無限後退に陥ってしまう、半透明の意識の強い「思慮深い」人は、自分が立ち止まっていることにも、半透明の意識ゆえにそれとなく気づいてしまいます。そしてそのため、さらなる苦悩に陥り、現実生活の対処がうまくいかなくなるリスクも背負っています。ですから、自分だけで自分のことを考えるのを一度やめ、他者とのかかわりの中で自分をみつめることは、貴重なチャンスなのです。

　もう一つは、行動することによって私たちは選択せざるをえなくなり、さらにはその選択から生じる出来事に対して責任を取らざるをえない状況に追い込まれるということです。たとえば職場での不適切な労働実態を知ったとき。それに何も対応しないということは、黙認するということであり、一種の肯定という態度表明をしたことになってしまいます。知るということは、私たちがそれに対して応答することを可能にするということであり、同時に、その瞬間に何かの応答をしたことになってしまうことでもあるのです。

10-3-4　おとなになることの重苦しさと自由

　そのような責任は、ある意味では重苦しいものです。けれども、
責任を取ることができないということもまた、別種の苦しさがあり
ます。それは、人生を強制的に始めさせられてしまうという、人間
存在の呪いのようなものです。私たちは、国も時代も性別も家庭も
能力も、何もかもを選べずに、この世に生まれてきます。ですから、
なぜ自分が、なぜ自分だけが、こんな苦しい目にあわなくてはなら
ないのかと、人生のさまざまな局面で、悩み苦しむことになります。
　他方、たとえそれらのことがらは選びえなかったとしても、どの
ような態度で応答するのかは選択する、という仕方で責任を取って
いくことは、強制的に付与された受動的な人生を、みずからが選び
取った能動的な人生へと変えていく一歩になります。たとえば「文
句をいったって変えようがないのだから」と自分の状況を受容す
ること。「相手なりに事情があったんだな」と周囲を受容すること。
「おかしなことはゆるさない」と状況を改善すべくはたらきかけて
いくこと。どのような応答の仕方であっても、不条理な家庭環境や、
社会の仕組みや、自分自身に付与されたさまざまな特性は、ほかな
らぬ私によって選ばれたものになります。
　さらには、自分の取ったこれらの選択の結果に対して、まわりは
肯定的だったり否定的だったりとさまざまな反応をするでしょう。
その反応に対しても私たちは、自由に応答することができます。こ
のようにして、人生は少しずつ、自分自身で選んだもので積み重ね
られていきます。「私の身に起ることは、私によって私の身に起る」
（サルトル，1999, p.1020）のであり、このことを意識することが、責
任ある態度になるということなのです。

10-3-5 自分を引き受けて生きていくこと

　そしてこのことは、私たちの生き方を本質的に変えていきます。なぜでしょうか。それは、10-2で述べたように、ひとが本質的に半透明の意識を携えて生きているからです。受動的な人生においては、自分ではない何かや誰かのせいで、今の自分があります。能動的な人生においては、今の自分をつくりあげたのは他でもない自分自身です。このことに、私たちの意識はそれとなく気づいているので、受動的な人生は、「いつも誰かのせいでつらい」「何かのせいで不遇だ」という、どこか損なわれた状態として経験されてしまいます。他方、能動的に生きる人生は、何が起きても「自分でやったのだからしかたない」という、納得感のあるものになっていきます。

　くりかえしになりますが、自分の人生を自分で引き受けるのは、苦しいことです。その重荷を背負って生きていくことは大変です。誰かにその重荷を預けて、「与えられる側」のままで受動的に生きる方が、楽ちんかもしれません。けれども、この重荷こそ、「自分ではない何かのせい」で始まった自分の人生を、他ならぬ自分自身の人生として取り戻すことです。キャリア形成とは、受動的に強いられて始まった自分の人生を、能動的・主体的に選択した人生へと変換していく営みであり、このことは、人生の重荷を引き受けることからスタートするのです。

（遠藤野ゆり）

【注】
［1］とはいえ、あくまでこれは「望ましいライフコース」でしかなく、実際には親世代もまたさまざまなライフキャリアを生きたはずです。こうした多様性が、近年は明るみに出てきた、と考える方がよいでしょう。

[2] 中央教育審議会「今後の学校におけるキャリア教育・職業教育の在り方について（答申）」（平成 23 年 1 月 31 日）（http://www.mext.go.jp/component/b_menu/shingi/toushin/__icsFiles/afieldfile/2011/02/01/1301878_1_1.pdf）より。

[3] 東京大学社会科学研究所・ベネッセ教育総合研究所共同研究「高校生活と進路に関する調査」（https://berd.benesse.jp/up_images/research/koukouseikatsu.pdf,p.11）。

[4] 日本以外の国では、学校卒業と同時に一斉に就職するのではなく、卒業してから時間をかけて就職先を探すスタイルが一般的です。

[5] 世界経済フォーラム (2018) The Global Gender Gap Report 2018（www3.weforum.org/docs/WEF_GGGR_2018.pdf）

[6] サルトルのいう意識は、何かを捉え、考えたり、感情を抱いたりするといった、内的活動のあらゆる機能を指します。

[7] ここでいう「反省」とは、悪いことをしたあとに悔い改めるということ（道徳的反省）ではなく、自分自身を振り返る、という意味のことです。

【文献】

Hamaaki, Junya, Hori, Masahiro, Maeda, Saeko and Murata, Keiko (2010) Is the Japanese employment system degenerating?: Evidence from the Basic Survey on Wage Structure' *ESRI Discussion Paper Series*, No.232.

児美川孝一郎 (2013)『キャリア教育のウソ』筑摩書房

サルトル, J.-P. (1999)『存在と無 ── 現象学的存在論の試み 下』松浪信三郎（訳）, 人文書院

終章　あたりまえを疑う意義
── 感情移入で自分の枠を広げる ──

　　　私たちは、「○○はあたりまえだ」という枠組みの中でものごと
　　を考えている。その枠組みは、「他のみんなもそれをあたりまえだ
　　と思っている」という信念になっている。その枠組みを疑ってみる
　　ことが、教育の問題を考えることである。

　本書ではこの三つの観点から、十の教育的事象についてみてきま
した。みなさんが今までもっていた「あたりまえ」の枠組みは、本
書を読むことを通して、少しは組みかわったでしょうか……？　本
書の締めくくりとなる本章では、「あたりまえ」の枠組みを疑うこ
と、「あたりまえ」の枠組みが組みかわることの意義について改め
て考えていきます。

　その際の手がかりにするのが、現象学の創始者エトムント・フッ
サールの「感情移入（empathy, Einfühlung）」という言葉です。本章
では、フッサールの考え方を参考にしながら、「浸透的で双方向的
な感情移入」と「一方向的な感情移入」という二つの感情移入につ
いてみていきます。私たちが自分のまわりの他者やものごとを理解
できるのは、この二つの感情移入のはたらきのおかげです。感情移
入という観点を導入することで、「あたりまえ」の枠組みが組みか
わることにどのような意味があるのかが、明確になるはずです。

終-1　浸透的で双方向的な感情移入

　5-2で紹介したように、私たちの感情は空気のようにかもしだされ、互いに混じり合いながら空間を満たしています。こうした空間的な感情が、「空気」や「雰囲気」と呼ばれるものの内実です。

　空間的な感情としての空気／雰囲気は、しばしば、「読む」という動詞と結びつけられます。「空気を読む」という言葉づかいからは、私たちが、空気／雰囲気を意識的に読み取ろうとしているというニュアンスが感じられます。しかし、5-3-2で述べたように、私たちは空気／雰囲気を読む前に、それらを自然と感じ取ってしまったり、それらに勝手にのまれたりしているのではないでしょうか。

　たとえば、夕飯の食卓を家族で囲んでいるとき。母親のかもしだしているピリピリした雰囲気が、自然と感じ取られてしまうことがあります。そうしたいわば無意識の感覚を頼りにして、「今日のおかあさんは機嫌が悪そうだな」と考えたり、「ここのところ仕事で毎晩遅くて疲れているのかな」と想像したりします。そのうえで、これ以上母親の機嫌を損ねないように、空気を読んだふるまいを心がけることになります。日常生活では、これらのステップがほぼ同時に起きます。空気／雰囲気を自然と感じ取ったり勝手にのまれたりすることは無意識の次元で起きることです。私たちは通常、このはたらきに気がつきません。そのため、空気／雰囲気を自然と感じ取ることに支えられた「空気を読む」という意識的な行動に、目が向きやすいのかもしれません。こうした理由で、「空気／雰囲気は読むものだ」という考え方が一般的になったのでしょう。

浸透的で双方向的な
感情移入は一対一でも
一対多でも生じる

図終-1　浸透的で双方向的な感情移入

　私が意識的に何かを考えたり想像したりする前に、他者の感情や
場の空気／雰囲気が自然と感じ取られてしまうことを支えているあ
り方を、筆者は、「浸透的で双方向的な感情移入」と呼んでいます
（大塚, 2009 参照）（図終－1）。いじめが起きている教室の雰囲気に
のまれていじめに加担してしまうのも、泣いているひとを見てもら
い泣きをしてしまうのも、ケガをしているひとの姿を見て思わず顔
をしかめてしまうのも、浸透的で双方向的な感情移入のはたらきに
よるものだといえます。
　浸透的で双方向的な感情移入という観点からは、本書でくりかえ
し述べてきた「世間」の新たな側面がみえてきます。それは、私た
ちが世間の一員でいられるのは、浸透的で双方向的な感情移入に
よって、無意識の次元で自然と他者たちとつながり合っているから
だ、という側面です。浸透的で双方向的な感情移入が常にはたらい
ているからこそ、私たちは、自分の感じている「ふつう」や「あた
りまえ」を他者も同じように感じているだろうことを、言葉や行動
にしていちいち確認しなくても、信頼しながら生きていくことがで
きます[1]。

このように私たちは、浸透的で双方向的な感情移入のはたらきのおかげで、自然と世間の一員となり、ふつうにあたりまえに生きています。しかしだからこそ、あたりまえの枠組みを疑うためには、意識的に立ち止まり、「これって本当だろうか」と問いなおさなければならないのです[2]。

終-2　一方向的な感情移入

こうした意図的な問い直しや意識的な理解を支えているはたらきが、「一方向的な感情移入」です。

一方向的な感情移入とは、「私があのひとの立場だったら……」という形で、自分の経験などをベースにして、相手の考えや思いや状況を理解しようとすることです。一方向的な感情移入では、理解しようとする相手に私自身を重ね合わせることが生じます（図終-2）。

図終-2　一方向的な感情移入

したがって、一方向的な感情移入によって理解される相手は、「私自身の反映」、あるいは「私自身の類似態」（フッサール，2001, p.170）として現われてくることになります。しかし、そもそも他者は、私には捉えきれないそのひとに固有の考えや思いをもっているはずです。とすると、自分を基準にして、自分の思いや経験を相手に反映させているかぎり、そうした他者理解は一面的なものにとどまって

しまいます。だからこそ本書では、「一方向的な感情移入」という呼び方をします。

　私たちは日常生活の中でしばしば、一方向的な感情移入によって誰かや何かを理解しています。たとえば、「自分がされて嫌なことはひとにしてはいけない」という言葉。この言葉の背後には、「自分がされて嫌なことは他者も同じように嫌に違いない」、という暗黙の前提があります。こうした前提は、自分を基準にして相手を理解しようとする一方向的な感情移入によるもの、といえます。また、私たちは、「あのドラマ（小説／映画）の登場人物に感情移入しちゃった」などということがあります。この場合も、登場人物の思いや登場人物が置かれている状況へと、自分自身の価値観や体験を一方向的に重ね合わせて共感しています。

終-3　自分の枠を広げる

　私たちは、浸透的で双方向的な感情移入のはたらきによって、あたりまえさやふつうさに無意識の次元で支えられながら、一方向的な感情移入をはたらかせて、他者やものごとを意識的に理解しています [3]。

　ただし、一方向的な感情移入は、他者やものごとを意識的に理解する際の手がかりにすぎません。というのも、日常生活の中では、一方向的な感情移入を一度はたらかせて終わり、という場面ばかりではないからです。たとえば、一方向的な感情移入をはたらかせた結果、相手との間がぎくしゃくしたり、状況をうまく理解できなかったりすることも多々あります。そうしたとき私たちは、相手の言動から相手の真意を知らされることや、さらに想像力をはたらか

せることを手がかりとして、自分の理解の修正をはかります。このように日常生活においては、他者やものごとを理解する営みは継続していきます。とはいえ、理解の最初の手がかりは、一方向的な感情移入に頼る必要があります。だとすれば、手がかりは多ければ多いほどよいはずです。つまり、相手に重ね合わせて理解する自分自身の経験や知識が多ければ多いほど、相手のあり方にフィットした理解ができるはずです。そのためにはどうしたらよいのでしょうか。

　すぐに思いつくのは、いろいろな経験をしたり、本をたくさん読んだり、さまざまなひとと話したりして、自分の経験や知識のストックを増やすことでしょう。さらに、さまざまな場面で一方向的な感情移入をはたらかせて、そのつどの他者やものごとや状況を自分なりに理解しようと試みることも有効でしょう。というのは、一方向的な感情移入によって自分を他者に反映させているとき、実は同時に、他者のあり方も自分に反映されているからです（フッサール，2001, p.25 参照）。このあと、二つの感情移入のつながりという観点から例を挙げながら説明しますが、このように一方向的な感情移入にも双方向性が備わっています。たとえ一方的に他者を理解しようとする場合であっても、そのとき同時に他者から影響を与えられてもいるのです（中田，1997, p.68 参照）。したがって、図終-2 は、次のように書き換える必要があるでしょう（図終-3）。

図終-3　一方向的な感情移入（改訂）

　一方向的な感情移入によって自分のあり方を他者に反映させてい

るとき、同時に他者のあり方も自分に反映される理由を、フッサール自身は明確に述べていません。しかしおそらく、ここにも浸透的で双方向的な感情移入が関係しています。自分と他者を意識的に重ね合わせることをきっかけとして、他者のあり方が自然に浸透してくるのでしょう。

　このように、一方向的な感情移入と浸透的で双方向的な感情移入は連動しています。より正確に述べれば、浸透的で双方向的な感情移入のはたらきに一方向的な感情移入が支えられているという、一体的な層構造をなしていると考えられます（図終-4）。

図終-4　二つの感情移入の層構造

　そう考えられるのは、次の理由からです。浸透的で双方向的な感情移入のはたらきによって無意識の次元で感じ取られたことが、言語化・意識化されて、私たちの実際の行動の指針となっています。終-1で述べた食卓の空気を読む場合でたとえると、母親がかもしだすピリピリした雰囲気を無意識の次元で感じ取り、それを「母親の機嫌の悪さ」として言語化・意識化することによって、私たちは、母親の機嫌をこれ以上損ねないようなふるまいを心がけるようになります。これは図終-4だと、下から上の矢印にあたります。

　だとすると、反対に、意識的かつ意図的な次元のものの見方が豊かになることが、無意識の次元で言葉にならない空気／雰囲気を感じ取るはたらき（こうしたはたらきを感受性と呼ぶのかもしれません）

にポジティブな影響を与えるだろうことは、容易に想像できます。

　たとえば、生活に必要なさまざまなことがらを自分の家庭で教えてもらってこなかった子どもが、児童自立援助ホーム[4] ではじめて、食器を大切に扱うことの大切さについて学ぶ場合で考えてみましょう（遠藤，2009, p.230 以下参照）。「食器を乱暴に扱うと割れなくても内側にヒビが入っていくから大事にして」、とケアワーカーから教わった少女は、他のひとの食器の扱い方をじっと見て、そのまねをして意識的に食器を大切に扱う段階を経て、食器を自然にていねいに扱えるようになりました。こうした彼女の変化は、図終−4 だと上から下の矢印にあたります。この経験を経て、彼女は、物の目に見えない内側への感受性を育んだといえます。彼女はおそらく、食器だけではなく身のまわりのさまざまな物に対して、自然にていねいにふるまえるようになったはずです。このようにさまざまな経験や知識を積み重ねることによって、一方向的な感情移入のはたらきが豊富化・洗練化することは、浸透的で双方向的な感情移入のはたらきが豊富化・精緻化することを意味する、といえます。

　一方向的な感情移入において他者に重ね合わせる自分の経験や知識のストックを増やすことは、自分の枠を広げ続けようと努力すること、といいかえることができます。あたりまえを疑うことは、かなり意識的かつ意図的な営みです。だからこそ、自分の身のまわりのさまざまなあたりまえを疑おうとすることは、意識の次元でも無意識の次元でも、自分の枠を広げることに寄与するはずです。序章にならって、自分の枠を広げてくれるような体験を、私たちは〈学び〉と呼ぶ、といってもいいでしょう。

　今まで抱いてきた違和感に言葉が与えられたり、不安が慰撫されたり、これまでの自分が恥ずかしくて居心地が悪くなったり……。

あたりまえの枠組みが変わることは、これまでの自分の見方からの解放というポジティブな側面と、自分の拠りどころを（一時的にせよ）見失ってしまう不安というネガティブな側面をあわせもっています。新しくなった枠組みからみる世界も、より一層あたたかかったり、より一層シビアだったりするでしょう。それでも、私たちはあたりまえを疑い続けなければなりません。というのも、知識や経験を原動力としてあたりまえを疑い続けること、それこそが、年齢を問わず、成長・成熟することだからです。あたりまえの枠組みが固定してしまったひとの世界は、それがどんなに安定していたとしても、どこかあじけない世界なのではないでしょうか。

　本書はここで終わります。でも、本書を閉じて歩きだすみなさんの目の前には、これまでとは少しでも違った世界が、いつまでも広がり続けますように。みなさん自身の枠も、いつまでも広がり続けますように。そのために、いつでもいつまでも、さらにあたりまえを疑え！

（大塚類）

【注】

[1] 精神科医のブランケンブルクは、私たちが生きていくうえで当然のように実感しているふつうさやあたりまえさを、「自明性」と表現しています（ブランケンブルク, 1978 参照）。ブランケンブルクが例示している精神疾患を抱えている人々や、第9章で取り上げた ASD の人々は、先天的あるいは後天的に、自明性すなわち浸透的で双方向的な感情移入のはたらきが失われたり脆くなったりしている、といえます（綾屋・熊谷, 2008; 磯崎, 2014 参照）。

[2] 教育学者のガート・ビースタは、単に知識を教授するのではなく、「みなさんはどう思いますか」という問いを投げかけてみずから考えることをうながす教育を、「中断の教育学」と呼んでいます（Biesta, 2006 参照）。あたりまえを疑うことは、中断をみずから実践するということになります。

[3] 後述するように、二つの感情移入は対立するものではなく、いつもはたら

いている浸透的で双方向的な感情移入に支えられて、一方向的な感情移入が意識的に実行されるという、層構造をなしていると考えられます。

［4］児童自立援助ホームは、何らかの理由で家庭や児童養護施設にいられなくなり、働かざるをえなくなった、原則として15歳から20歳までの子どもを対象とした児童福祉施設です。彼らに生活の場を提供しつつ自立の手助けをすることが目的です。

【文献】

綾屋紗月・熊谷晋一郎 (2008)『発達障害当事者研究 ── ゆっくりていねいにつながりたい』医学書院

Biesta, G. (2006) *Beyond Learning: Democratic education for a human future*. London: Paradigm Publisher.

ブランケンブルク, W. (1978)『自明性の喪失 ── 分裂病の現象学』木村敏他 (訳), みすず書房

遠藤野ゆり (2009)『虐待された子どもたちの自立 ── 現象学からみた思春期の意識』東京大学出版会

フッサール, E. (2001)『デカルト的省察』浜渦辰二 (訳), 岩波書店

磯崎祐介 (2014)「当事者が語る生きづらさ」大塚類・遠藤野ゆり (編)『エピソード教育臨床 ── 生きづらさを描く質的研究』創元社

中田基昭 (1997)『現象学から授業の世界へ ── 対話における教師と子どもの生の解明』東京大学出版会

大塚類 (2009)『施設で暮らす子どもたちの成長 ── 他者と共に生きることへの現象学的まなざし』東京大学出版会

あとがき

遠：おつかれさまでした！　ようやく『さらにあたりまえを疑え！』が完成しましたね。

大：おつかれさまでした〜。はい、長い道のりでしたね（笑）。

遠：改訂の話が出てから、ほぼ2年かかりました。結局、「改訂」ではなく、「別の本」という形で出させていただくことになりましたが。

大：前著の『あたりまえを疑え！』は2014年に刊行されて、データも今となっては古くなりました。この本は大学の授業でテキストとして使用しましたが、受講してくれた学生たちのフィードバックなどもふまえて、今回の『さらにあたりまえを疑え！』では、データだけではなく、トピック（家庭教育、つながり孤独、恋愛）も新たに加えました。

遠：そうですね、そのかわり、非行など、近年の教育問題ではあまり注目されなくなった話題は、今回は割愛しました。この6年の間に、社会的な「あたりまえ」の枠組みも大きく変わったと実感しています。たとえば、学校について、前著を書いているときには「モンスター・ペアレント」が話題の中心でしたが、2019年現在は、学校の先生の過剰労働の問題が大きく取りざたされています。

大：こうした流れからも、私たちの「あたりまえ」や「ふつう」がいかに移ろいやすいかがわかります。「あたりまえ」や「ふつう」でさえ、刻一刻と変わっていってるわけですよね。

遠：そこでこうして、「さらに」あたりまえを疑ってみよう、とい

う話になったわけですが、さきほど大塚さんもおっしゃったように、これには、大学の授業を受講してくれた学生さんたちからさまざまな意見をいただけたことが大きかったと思っています。とてもありがたいです。

大：あと、多くの高校生のみなさんも手に取ってくれたようで、とても嬉しかったですね。メールをくださったり、オープンキャンパスで声をかけてくださったり、大学生になってから「高校生のときに読みました！」と教えてくれたり……。

遠：そうですね。前著は大学生や教育関係者を読者として想定していましたが、嬉しい誤算で、高校生のみなさんにもたくさん読んでいただけていたようです。高校を訪問した際に、図書館に置いてあるのをみて嬉しかったこともあります。

大：本書『さらにあたりまえを疑え！』は、「さらに」とあるように、内容が少しだけむずかしくなりました。読者のみなさんに伝えたいメッセージも少し厳しめになってるのと（笑）、データや使っている概念なども少しむずかしくなりました。

遠：そういう意味では、内容に多少の重なりはありますが、前著を読まれた方がさらに本書を手に取っていただき、読み比べていただくと、興味深いかなと思っています。

大：はい、高校生からおとなまで、幅広いみなさんに読んでいただけると嬉しいです。よろしくお願いします!!
　　本書も、前著から引き続き、法政大学キャリアデザイン学部筒井美紀教授に素敵な（まだ読んでませんけど……笑）「まえがき」を書いていただきました。そして、新曜社の塩浦暲社長に出版を快くお引き受けいただき、編集の労もとっていただきました。ありがとうございました。

遠：筒井先生へのお礼は、前回の「みかん５個」から、今回はス

ウェーデンにて「ノルウェーサーモンのソテー」に、バージョンアップしました（笑）。塩浦社長にも毎回、出版を二つ返事でご快諾いただき、本当にありがたいです。心から感謝申し上げます。

大：この『さらにあたりまえを疑え！』もたくさんの読者に恵まれ、みなさんからさまざまなご意見・ご指導をいただければとても嬉しく、ありがたく思います。そしてまたいつの日か、『もういっちょあたりまえを疑え！』的な続編を出すことができたらなぁ、などと野望を抱いております……（笑）。

遠：もういっちょ（爆）。いやでも本当に、本は読者のみなさまに育てていただくものと、2冊書いて、しみじみ実感しておりますので、読んでいただいてのご意見など、新曜社宛にお送りいただければ、幸甚の至です。どうぞよろしくお願いいたします。

索　引

著者紹介

遠藤　野ゆり（えんどう　のゆり）【序章、第1章、第2章、第6章、第8章、第9章、第10章、あとがき】
東京大学大学院教育学研究科博士課程修了。博士（教育学）。山口大学教育学部講師、法政大学キャリアデザイン学部講師を経て、現在、同教授。『虐待された子どもたちの自立──現象学からみた思春期の意識』（東京大学出版会、2009年）、『家族と暮らせない子どもたち──児童福祉施設からの再出発』（共著、新曜社、2011年）、『教育を原理する──自己にたち返る学び』（共著、法政大学出版局、2013年）、『エピソード教育臨床──生きづらさを描く質的研究』（共編著、創元社、2014年）、『あたりまえを疑え！──臨床教育学入門』（共著、新曜社、2014年）、『ベストをつくす教育実習──強みを活かし実力を伸ばす』（共編著、有斐閣、2017年）、『ワークで学ぶ学校カウンセリング』（分担執筆、ナカニシヤ出版、2019年）他。

大塚　類（おおつか　るい）【第3章、第4章、第5章、第7章、終章、あとがき】
東京大学大学院教育学研究科博士課程修了。博士（教育学）。青山学院大学教育人間科学部准教授を経て、現在、東京大学大学院教育学研究科准教授。『施設で暮らす子どもたちの成長──他者と共に生きることへの現象学的まなざし』（東京大学出版会、2009年）、『家族と暮らせない子どもたち──児童福祉施設からの再出発』（共著、新曜社、2011年）、『エピソード教育臨床──生きづらさを描く質的研究』（共編著、創元社、2014年）、『あたりまえを疑え！──臨床教育学入門』（共著、新曜社、2014年）、『生きづらさへの処方箋』（分担執筆、ナカニシヤ出版、2019年）、『ワークで学ぶ学校カウンセリング』（分担執筆、ナカニシヤ出版、2019年）他。

新曜社 さらに あたりまえを疑え！
臨床教育学 2

初版第 1 刷発行　2020年 1 月27日
初版第 3 刷発行　2024年 9 月27日

著　者　遠藤野ゆり

　　　　大塚　類

発行者　塩浦　暲

発行所　株式会社　新曜社
　　　　101-0051　東京都千代田区神田神保町 3 - 9
　　　　電話（03）3264-4973（代）・FAX（03）3239-2958
　　　　e-mail : info@shin-yo-sha.co.jp
　　　　URL : https://www.shin-yo-sha.co.jp

組　版　Katzen House

印　刷　新日本印刷

製　本　積信堂